생각하는 삶

金珍論說集

생각하는 삶

Jin Kim: Beiträge zum denkenden Leben

김진 지음

UUP

생각하는 삶 金珍論說集

2008년 4월 10일 1판 1쇄 인쇄
2008년 4월 15일 1판 1쇄 발행

지은이 : 김　　진
발행인 : 정 정 길
편집인 : 박 삼 수
발행처 : UUP (울산대학교출판부)
689-749 울산광역시 남구 무거동 산29번지
☎ 052-259-2488 Fax 227-3011
등록 울산시 제20호 (1977.7.15)

ISBN 978-89-7868-096-7

값 5,000원

※ 잘못된 책은 바꾸어 드립니다.

※ 이 도서의 국립중앙도서관 출판시도서목록(CIP)은 e-CIP 홈페이지(http://www.nl.go.kr/ecip)에서 이용하실 수 있습니다.
(CIP제어번호 : CIP2008001142)

서문

지난 2007년 한 해 동안 "김진 교수의 생각하는 삶"이라는 타이틀로 울산여성신문에 기고하였던 글들을 모아서 이 작은 책으로 펴내보았다. 늘 그렇듯이 우리가 살고 있는 다양한 현실들에 대하여 일상철학적 성찰을 시도하였다.

삶 그 자체는 하나의 고유한 철학이다. 사는 것은 아무 생각 없이 이루어지는 것이 아니라 무수한 생각들에 의하여 비로소 가능하기 때문이다. 누구나 생각하면서 살아가고 있으나 대부분의 사람들은 자신들이 생각하는 존재라는 사실을 깨닫지 못하고 있다. 생각은 우리의 삶을 끝없이 되돌아보게 한다. 생각에 의하여 우리의 삶이 윤택하게 되는 것이다.

우리는 일상에서 정치적 사건으로부터 개개인의 신앙에 이르기까지 매우 다양한 현상들을 직면하게 된다. 그러나 대부분의 사건들은 우리의 삶에 결정적인 영향을 미치지 못한다. 아무리 위급한 정치적 사건이라 하더라도 감기로 고생하는 식구보다 더 중요하게 생각될 까닭이 없다. 그러다보니 우리는 나와 무관한 사건들에 대하여 외면하는 경우가 많게 되고, 그런 사람들이 사회와 국가를 이루게 되면서 매사에 무관심하게 된다.

이 책에서 말하고자 하는 사실들은 우리 사회에 대한 그런 무관심과 나태로부터 스스로를 반성하자는 것이다. 우리의 일상을 무관심의 영역에 방치하지 말고 자기 자신의 것으로 만들고 가꾸어 가자는 것이다. 그렇게 할 경우에 우리는 보다 번잡해지고 답답한 심정을 느끼게 될 것이다. 지금까지 생각하지 못했던 고뇌와 책임이 뒤따르기 때문이다. 그러나 이러한 나의 고통은 우리 사회를 건강하게 유지하는 데 밑거름이 된다는 사실을 알아야 한다.

생각하는 삶은 자기 자신뿐만 아니라 우리 사회를 변화시킬 수 있다. 인간은 갈대보다 더 나약한 존재이지만 생각하는 존재이기 때문에 우주를 지배할 수 있는 것이다. 생각하는 시민들이 많을 때 보다 훌륭한 삶의 터전을 가꾸어 나갈 수 있으며, 생각하는 국민들만이 홍익인간과 요익중생의 나라[神市]를 만들 수 있는 것이다. 생각하는 것은 변화의 시작이요 출발이다. 생각으로부터 비로소 혁신이 가능하다. 생각은 우주의 창조 사역을 도와주는 인간 존재의 신비이다. 바로 이런 사실에서 사유 능력을 키우는 것이 곧 자기계발의 요체라고 할 수 있는 것이다.

이 책은 논리적 사고능력을 계발하려는 학생들이나 직장인들에게 많은 도움이 될 것이다.

백운산 자락의 선필마을에서

2008년 4월 3일, 김 진

차례

정해년丁亥年, 황금돼지의 소망

2007년은 정해년이다. 술사들은 내년이 600년 만에 오는 황금돼지의 해라서 아이 낳기에 가장 좋다고 말한다. 민간에서 돼지는 사람과 매우 친숙한 동물이다. 돼지꿈을 꾸면 재물이 덩굴채로 들어온다고 해서 매우 상서로운 것으로 받아들이며, 돼지띠들은 성격적으로도 매우 무난해서 가는 곳마다 환영을 받기도 한다.

새해를 맞아 시민들이 바라는 크고 작은 소망들이 있을 것이다. 꿈을 가져야 한다. 꿈을 가진 사람만이 그것을 이룰 수 있기 때문이다. 위대한 꿈을 가진 시민들이 많을수록 울산은 그만큼 더 풍요롭고 살기 좋은 도시가 될 수 있다.

2007년은 대선으로 인하여 정치적 대결을 피할 수 없으며, 자칫하면 국론분열로 연결되어 국가 위기를 초래할 수도 있는 매우 중대한 시기이다. 대통령을 선출하는 것은 국가의 안녕과 질서는 물론이고 경제성장과 국제 외교 등을 도모하기 위한 것이다. 그러나 이를 망각하고 분열과 불신을 조장하는 모리배들이 있을 수 있다. 우리 국민들은 그들을 경계함으로써 국가 위기 사태에 빠지지 않도록 해야 할 것이다.

우리 모두가 바라는 것은 정해년에는 사술과 책략이 아닌 공명정대한 대결을 통하여 새로운 권력 주체를 창출하는 것이다. 지금 우리가 겪고 있는 정치적 혼란은 '노란 돼지 저금통'과 민주당 분당사태 등 일련의 사술들과 국민 기만행위들에 대한 응보라고 할 수 있다. 노무현 정부가 수많은 개혁 정책을 시행했음에도 불구하고 국민들의 지지를 얻지 못한 것은 신뢰의 기반이 근본적으로 무너졌기 때문이다.

새해에 울산시민들이 으뜸으로 소망하는 것은 현대자동차를 비롯한 여러 기업들의 노사화합일 것이다. 현대중공업의 선진적인 노사관계는 세계적인 모델로서 연구 대상이 될 만하다. 일부 노조지휘부의 강경투쟁 노선은 구태의연한 것이며, 노동자와 그 가족들로부터도 환영받지 못하고 있다. 새해에는 노사 모두가 황금돼지처럼 넉넉한 마음을 가지고 서로를 이해하는 데 노력해야 할 것이다.

정해년에는 울산시민의 정체성이 확립될 수 있기를 바라마지 않는다. 지금까지 정체성 논란의 대상이 되었던 울산시의 대표축제를 "반구대문화축제"로 개칭하여 선사시대로부터 화두가 되었던 자연과 인간의 합일 정신을 계승해나가야 할 것이다. 논란이 되고 있는 처용문화제는 시민화합형 축제로서는 부적합한 요소가 많으며 차제에 순수 예술축제로서 분리, 육성하는 방안을 고려해야 할 것이다.

울산의 대표 브랜드로서는 고래가 가장 좋을 듯하다. 용을 형

상화한 것으로 알려진 현행 울산시의 로고 역시 반구대의 고래 암각화로 바꿀 필요가 있다. 선사시대 이래로 고래는 한 번도 울산을 떠나지 않았다. 우리 울산시민들은 앞으로도 계속 고래가 살아갈 수 있도록 생태환경을 가꿀 책임이 있고, 우리들 역시 고래들처럼 세계만방으로 뻗어나가야 할 것이다. 고래, 환경, 세계는 선사시대부터 울산사람들이 추구해온 가치임에 틀림이 없다.

새해에는 울산시 전역이 개발과 발전의 혜택을 골고루 나눌 수 있도록 정책적 배려를 아끼지 말았으면 좋겠다. 무거동, 삼산동, 천상리와 구영리, 그리고 고속철 역사와 국립대와 혁신도시가 들어설 개발지역들만 신경 쓸 것이 아니라, 울산의 지리적 구조로 인하여 지금까지 소외되고 낙후될 수밖에 없었던 두서, 두동, 삼동 지역 등에 대한 정책적 고민을 시작해야 할 것이다. 아무도 돌보지 않았던 이 지역에도 지속가능한 균형 발전이 이루어져야 하며, 불가피한 환경보존 구역에 대해서는 적절한 보상책을 마련할 필요가 있다.

무엇보다도 우리 시민들이 바라는 것은 울산시를 보다 맑고 밝은 도시로 가꾸어 나가는 것이다. 그것은 바로 태화강을 살리려는 우리 시민들의 하나 된 마음에서 시작될 것이다.

(2006.12.29)

망각의 정치술

노대통령이 또 일을 저지르고 말았다. 느닷없이 4년 연임제 개헌 문제를 들고 나왔기 때문이다. 국민 여론이 부정적인 것으로 나왔음에도 불구하고 대통령 고유 권한을 내세워서 강행할 생각인 것 같다.

노대통령의 계속되는 실정失政은 국민에 대한 신뢰 상실에서 비롯된 것이라고 여러 번 지적한 바 있다. 얼마 전에 그는 남은 1년 동안 경제살리기에 최선을 다하겠다고 약속했으며, 어떤 일이 있더라도 부동산 문제는 반드시 잡겠다고 공언하기도 하였다. 그리고 국무회의도 직접 챙겨 나가겠다고 밝혔다.

정치권에서나 대다수 국민들은 그가 대선 과정에 어떤 형태로든지 개입하는 것을 바라지 않는다는 시그널을 분명하게 보여주었기 때문에, 이와 같은 대통령의 입장 표명을 적절한 것으로 받아들였다.

그러나 그 역시 곧 번복되고 말았다. 하루도 빠짐없이 부적절한 발언들이 쏟아졌으며, 자신이 했던 발언에 역행하거나 대통령의 고유직무를 부정하는 위험한 발언들조차도 서슴치 않았다.

발언 자체가 즉흥적이고 충격적인 데다가 다양한 해석이 가능한 특징을 가지고 있었다. 그래서인지는 몰라도 문제 발언이 있을 때마다 반드시 청와대 대변인의 해명성 논평이 뒤따르는 촌극이 계속되었다.

노대통령은 그런 취지에서 발언하지 않았는데 나쁜 언론들이 악의적으로 해석하고 왜곡했다는 것이다. 그리고 대통령은 정치를 잘하고 있는데 일부 언론들이 왜곡된 보도를 일삼고 있다는 것이다.

노대통령의 언론관은 확실히 피해망상과 편집증에 사로잡혀 있다. 과거 탄핵 당시에 노대통령을 거들어주었던 주요 방송사들이 지금은 조중동 3대 신문보다 더 비판적인 논평을 내보내고 있다는 사실을 알아야 한다.

며칠 전에 노대통령은 지금까지 아무리 생각해보아도 부동산 정책 말고는 자신이 잘못한 것이 없다고 단언하면서, 앞으로도 계속해서 할 말은 해야겠다고 으름장을 놓았다. 이에 대한 언론과 방송의 반응은 참으로 냉소적이었다.

노대통령은 그 동안 당정분리 원칙을 내세워 여당의 존재를 무력화해 왔으면서도, 여당이 이제 통합신당을 꾸리려고 하자 강력한 불만을 토로하면서 자기주장을 강화하고자 하였다.

지금 새로운 화두로 내던진 4년 연임제 개헌안 역시 노대통령의 독선적인 가치관이 적나라하게 드러나 있다. 5년제 단임안으로는 책임정치를 구현할 수 없으며, 대통령과 국회의원의 임기가 같아야 효율적인 정치를 할 수 있다는 생각들이 그렇다. 그리고 이번이 아니면 또다시 20년을 기다려야 한다는 주장도 그렇다. 부질없는 걱정이다.

노대통령이 망각하는 것이 있다. 대다수의 국민들은 지금 같은 행태로 국정이 위임될 경우에 5년 단임의 임기조차 너무 길다는 것이다. 대통령은 임기에 관계없이 책임정치를 해야 한다. 지금 같으면 임기가 3년이면 좋겠다고 생각하는 사람들도 많다. 그래서 중임제를 한다면 3년 중임제가 더 좋을지도 모른다.

그런데 이보다 더 중요한 문제는 왜 1년 동안 경제에 심혈을 기울여서 살기 좋은 나라를 물려주겠다고 다짐했던 노대통령이 입술의 침도 마르기 전에 개헌을 통한 정계개편을 시도하려는 것인가이다.

지금 여론은 노대통령이 추진하는 개헌 논의 자체가 부적절하다는 것이다. 국민들이 더 이상 대통령을 믿지 않고 기대하지 않겠다는데 무엇 때문에 무리수를 두려고 하는지 이해할 수 없다.

치매환자들은 온 방안을 어지러 놓고서도 자신이 무엇을 잘못했는지를 알지 못한다. 그것은 선악의 문제가 아니라 정상적인 능력의 문제이다. 노대통령이 진정으로 무엇을 잘못 했는지 알지 못하는 처지에 있다면 자신의 근본부터 다시 성찰해볼 필요가 있을 것이다. (2007.01.11)

사법부의 권위

2007년 1월 15일, 모대학에서 재임용 탈락된 전직 수학교수가 석궁으로 자신의 복직 소청 재심사 소송을 담당한 부장판사에게 테러하는 초유의 사태가 발생하였다.

세간에서는 교수가 어떻게 그런 일을 저지를 수 있느냐는 비판이 지배적이었고, 법원에서는 사법부에 대한 정면 도전행위를 더 이상 묵과할 수 없다고 하면서 법정 소란행위 등에 대하여 집중 단속할 것을 천명하기도 하였다.

대부분의 사람들은 왜 오늘날 한국사회에서 이와 같은 테러가 발생하게 되었는가에 대하여 관심을 가지려고 하지 않았다.

그런데 판사 테러를 초래한 사건의 발단에 대한 1월 17일자 조선일보의 심층보도가 눈길을 끈다. 사태의 발단은 1995학년도 성균관대학교 본고사 수학 II 문제 중, 서술형 주관식 문제가 잘못 출제된 사실을 지적하면서 김교수가 모든 학생에게 만점을 주자고 건의하였으나, 대학 측에서 이를 묵인하고 부분 점수를 주는 선에서 해결함으로써 비롯되었다는 것이다.

오비이락인지는 모르겠지만 이듬해에 김교수는 재임용에서

탈락하였으며, 그는 자신에 대한 부당한 인사가 입시문제와 연관이 있다고 주장하였다.

전국 44개 대학 수학과 교수 189명이 대학 측의 횡포에 항의하는 연판장을 재판부에 제출하기도 하였다. 1997년에 국제적인 과학학술지 사이언스Science와 수학전문학술지 매디매티컬 인텔리전스Mathematical Intelligence는 각각 '올바른 답의 비싼 대가' 혹은 '정직의 대가'라는 글을 실어서 김교수를 옹호하기도 했다.

그러나 대한수학회와 고등과학원은 1995년에서 1997년 사이 당시 재판부가 수학문제 오류논쟁에 대한 의견 제출을 요구하자 답변을 회피하였다. 최근 이 문제에 대하여 대한수학회 김모 회장은 민감한 사안이라서 개인 의견을 밝힐 수 없으나 그 문제가 적절했는지는 대한수학회가 아니라 학원 강사에게 물어봐도 알 것이라고 답했다고 한다. 책임 회피적인 발언이지만 문제에 잘못이 있었음을 시사하는 대목이다.

이런 사실에서 김교수는 대학과 학계와 재판부 모두에 대한 총체적인 불신에 사로잡힐 수밖에 없었을 것이다. 김교수 개인의 퍼스낼리티에 관계없이 학문공동체가 사실을 정확하게 확인해 주지 않은 것은 치명적인 직무유기 행위였다. 재판부 역시 국내학계가 답변을 회피했을 때 해외 학계 등 다른 기관에 자문을 구하지 않은 책임이 크다.

물론 김교수의 테러 행위 자체는 잘못된 것이고, 어떤 경우에도 용납될 수 없을 것이다. 그러나 필연적으로 테러를 불러올 수밖에 없었던 일련의 상황에서 가장 결정적인 이유 중의 하나는 바로 재판부의 불성실과 무책임이었다는 사실이다.

왜 사법부가 존재하는가? 전관예우를 해주기 위해서 존재하는가? 아니면 돈 많고 힘있는 법률회사의 입장을 지지해주기 위해서 존재하는가? 판사에 대한 테러가 발생했을 때 법원은 왜 이런 사태가 일어났는가에 대하여 자성적으로 접근하지 않고, 자신들의 권위 방어에만 몰두하는가? 바로 이런 물음들이 이 사태의 본질이라고 할 수 있다.

스스로 가장 정직하고 원칙적이라고 주장하였던 현 대법원장마저도 언론의 추적 보도에 애매한 태도를 취하는 것은 오늘날 사법부의 현실을 적나라하게 보여주고 있다. 론스타 비리수사에 대한 검찰의 영장청구가 반복적으로 기각된 사실도 그런 권력관계와 연관은 없는 것인가 의심하는 사람들도 많다.

사법부의 권위는 스스로 지켜야 하며, 사회정의를 구현할 수 있는 마지막 보루가 되어야 한다. 검사나 판사는 단순한 자연인이 아니라 보편적이고 무당파적인 양심의 법정이라는 사실에 유의해야 한다. (2007.01.19)

산악 개발의 허실

울산지역에서 유일하게 문화관광부 예비축제로 등재되어 있는 "울주외고산옹기축제"(2000년 1회 개최)를 개발한 울주군이 "울주7봉 문화컨텐츠 관광자원화 사업"을 구상하고 있어서 시민들의 관심을 끌고 있다.

최근에 간절곶 행사를 울산시로 이관했던 울주군은 2010년 울산 고속철의 개통에 대비하여 영남알프스로 불리는 가지산, 사자봉(천황산), 재약산, 간월산, 신불산, 영축산, 고헌산에 각각 얽혀 있는 역사문화적 컨텐츠를 발굴하여 관광자원화 한다는 새로운 계획을 수립 중이다. 이러한 울주군의 노력에 대해서는 적극적인 지지를 보내고 싶다.

울주군 지역에는 수려한 자연경관지역이 집중되어 있다. 그러나 울산 지역의 교통이 불편한데다가 산악지역에 접근하는 것 역시 용이하지 않아서 관광객 유치에 실패하였다. 그러나 2010년 이후부터는 문제가 달라질 수 있다. 고속철이 개통되면 울산에 대한 접근성 문제가 자연스럽게 해결될 것이기 때문이다.

등억온천단지에서 가장 가까운 신불산(1,208m)은 홍류폭포와

억새평원으로 유명하다. 특히 4km의 능선을 따라서 1시간 정도의 산행을 즐길 수 있는 수백만평의 억새평원은 모든 이들의 마음을 후련하게 한다. 간월산(1,083m)에는 천주교도가 박해를 피하였던 죽림굴이 있으며, 김대건 신부와 최양업 신부가 은신했던 곳이기도 하다. 한국 가톨릭의 성지로 새롭게 단장할 만하다.

재약산(1,108m)은 임진왜란 당시 팔도승군도총섭직을 수행하였던 사명대사가 승병들을 훈련시켰다는 억새평원(이는 역사적 고증이 요구되는 부분이다)이 있으며, 그 뒷자락에는 밀양의 표충사가 있다. 재약산의 억새평원은 사자봉으로 불리기도 하는 천황산(1,189m)까지 펼쳐져서 장관을 이루고 있으며, 특히 이곳에는 조선시대의 백자 가마터가 무리지어 있다. 때문에 재약산과 천황산을 사명대사와 연결하여 브랜드화 할 수 있다는 것이다.

가지산(1,240m)은 신라 헌덕왕 때(824년) 도의국사道義國師가 건립한 석남사와 21만그루에 달하는 국내 최대 규모의 철쭉군락지로 유명하다. 통도사의 뒷편에 위치한 영축산(1,059m)은 석가가 화엄경을 설했다는 마가다국의 산 이름에서 유래하며 임진왜란 당시 난공불락의 성으로도 유명하다.

고헌산(1,032m)은 언양고을의 진산으로서 기우제를 지내왔던 신령한 성산聖山이기도 하다. 그러나 고헌산의 경우에 파헤쳐진 정상 능선을 복원하는 문제가 숙제로 남아 있다.

이처럼 울주군이 울주 7봉에 역사문화적인 컨텐츠를 결합시키는 방식으로 관광브랜드화 작업을 시도한 것은 지역의 정체성 유지나 문화산업적 특성화 전략 양면에서 모두 적극적으로 평가

할만하다.

이는 울산광역시의 대표축제인 처용문화제가 정체성이나 특성화 부재 등의 시비에 휩싸여 있는 것과는 대조적이다. 그러나 이러한 산악 개발 계획이 성공하기 위해서는 몇 가지 주의와 보완이 요구된다.

첫째로 외지 관광객의 유치를 위해서는 울주 7봉의 정상을 두세 시간 안에 산행할 수 있도록 해야 한다는 점이다. 이를 위해서는 등억온천단지와 신불산을 연결하는 케이블카의 건립을 적극 검토할 필요가 있다. 케이블카는 자동차보다 훨씬 더 환경친화적이다. 이는 영남알프스의 정상 능선 산행을 가능하게 할 것이다.

둘째로 울주 7봉의 문화컨텐츠 개발을 빙자하여 정상 능선이 파헤쳐지는 일이 없어야 한다. 고헌산 능선을 파헤친 것과 같은 실수는 피해야 하며, 능선의 산행길은 자연 상태 그대로 단장해야 한다. 신불산 정상이 개발이라는 명목으로 훼손된 것도 큰 실책이다.

셋째로 역사적 고증에 철저를 기해야 한다. 또한 문화컨텐츠 발굴사업을 위한 산지 개발은 최소화하고 필요 시설은 집약화하는 방향으로 추진되어야 한다. 등억온천단지에 여장을 풀면서 하루 안에 울주 4봉과 문화유적지를 둘러볼 수 있도록 해야만 마케팅에 성공할 수 있을 것이다. (2007.01.30)

과거사위의 공정성 시비

2006년 12월 1일 공식 출범한 진실·화해를 위한 과거사정리위원회(이하 과거사위)가 불과 1개월 만에 첫 작품으로 유신치하의 긴급조치 관련 589개 사건에 대한 1,412건(1,2,3심)의 판결 내용과 담당판사 492명의 명단을 12월 31일 전격 공개함으로써, 대선정국에 영향을 주기 위한 것이 아닌가 하는 우려를 불러일으키고 있다.

일찍이 참여정부와 열린우리당의 주도세력들이 노대통령 이후의 정권 창출에 자신만만했던 것은 바로 개헌정국이나 과거사위 정국을 미리 염두에 두었기 때문일 것이다.

우리는 과거사위가 긴급조치 하에서의 재판기록을 정리하면서 담당 재판관들의 실명을 노출시킨 부분에 대해서는 크게 우려하지 않는다. 판결문은 판사의 양심과 재량권이 가미된 작품이기 때문이다. 문제는 오히려 다른 곳에 있다.

과거사위가 긴급조치하의 판결문을 정확하고도 책임있게 분석하지 않고 모든 판결문과 담당판사를 정리해서 발표한 것은 그 의도가 곡해될 여지가 있다는 점이다. 이번 공개발표에서 과거사위는 판사들이 독재정권의 긴급조치에 동조했으며, 이제 그에 따른 문책을 당해야 한다고 전제하고 있는 것처럼 보인다. 그러나 이는 언어도단이다.

법적 구속성을 가지고 있는 긴급조치 규정들을 판사들이 전적으로 무시할 수는 없다. 그야말로 악법도 법이기 때문이다. 사악한 법을 고쳐야 할 일차적인 책무는 국회에 있으나, 그 시대의 국회 역시 무기력할 수밖에 없었다.

따라서 우리는 과거사위의 이번 행위가 정치적 의도를 가지고 있다고 의심하면서 그에 대한 몇 가지 근거를 제시하고자 한다.

첫째로, 과거사위는 노대통령의 2004년 광복절 경축사 발언에서 비롯되었다는 점이다. 그는 "친일행위 및 국가권력이 저지른 인권침해와 불법행위 일체"를 조사할 진상규명 특위를 국회에 설치하자고 제안하였다. 노대통령의 의도는 친일과 군사독재 청산에 있었으며, 이는 특정인에 대한 정치보복이라는 우려를 낳기도 하였다.

둘째로, 과거사위는 노대통령의 사람들이 대다수를 차지하고 있다는 사실이다. 과거사위의 공정성이 확보되기 위해서는 보수와 진보의 비율이 같아야 한다. 그러나 출범 당시부터 과거사위는 인적 구성에서 공정성을 담보하지 못했다. 위원장과 3명의 상임위원이 노대통령과 여당의 사람이고, 12명의 비상임위원들 가운데서 한나라당은 단 세 명만을 지명했을 뿐이다. 84명의 직원들 중에서 54명(64.3%)이 진보 성향이라고들 한다.

셋째로, 일제강점기부터 1980년대까지의 사건들 중에서 왜 긴급조치가 1순위였는가가 석연치 않다는 점이다. 박근혜 한나라당 전 대표는 이것을 자신에 대한 공격이라고 해석하였다. 현재 과거사위에는 1만 건이 넘는 사건들이 접수되어 있으며, 조사를 진행 중인 사건도 50여 건에 달한다. 항일 독립투사들, 여순사건, 조봉암 사건, YH사건 등에 대한 진실규명을 모두 제치고 긴급조치를 1순위로 발표한 것은 대선정국과 관련이 있을 것이다.

모든 것을 부정하고 망치는 방식으로 일하는 것은 누구나 할 수 있다. 노대통령과 과거사위 관련 인사들 역시 그런 행위들 때문에 피해의식을 가지고 있을지 모른다. 과거사위가 공정성을 얻지 못하고 정치놀음을 하게 되면 국민의 지탄을 받게 될 것이 분명하다. (2007.02.01)

반구대 암각화를 보존하라

울산광역시 승격 10주년을 맞이하여 울산시가 최우선으로 해야 할 일이 무엇인가를 정확하게 헤아리는 것은 무엇보다도 중요하다. 울산시민들의 정신적, 문화적, 역사적 정체성과 관련된 일일 경우에는 더욱 그러하다. 아무리 어렵고 큰 희생을 치르더라도 우리의 얼은 지켜야 하는 것이다.

최근 반구대 암각화의 훼손 정도가 갈수록 심각해지고 있는 상황에서, 울산시와 관계 기관들이 암각화의 보존 방안에 대하여 적절한 대책을 찾지 못하고 있으며, 문화재 관련 사업비가 부차적인 곳에 투입되고 있다는 언론의 지적은 시민들의 경각심을 불러일으키고 있다.

세계의 학자들이 저마다 찬탄을 아끼지 않고 있는 반구대 암각화가 이제 얼마 못가서 형체조차 알아볼 수 없을 정도로 마모되고 훼손될 것이라는 충격적인 보고를 접하고서도 지금까지 무대책으로 일관하고 있는 것은 문화에 대한 우리의 무지와 물욕 때문일 것이다. 지금이라도 울산시는 반구대 암각화의 보존 및 복제품 제작에 가장 우선적으로 재정 투입을 해야 한다. 세계적으로 유일할 뿐만 아니라 그 자산가치가 재화로 측정할 수 없을 정도로 소중한 문화유산을 우리가 제대로 보존하지 못할 경우에 후대의 역사에 매우 수치스러운 일로 기록될 것이 분명하다.

반구대 암각화의 보존 사업은 울산시와 정부가 공동으로 추진해야 한다. 중요한 것은 반구대 암각화를 보존할 수 있는 가장 확실한 방법이 무엇인가를 가려내고, 아무리 큰 비용이 들더라도 주저하지 말고 단행해야 한다는 사실이다. 당국은 전문가 용역을 통하여 반구대 암각화를 보존할 수 있는 방안을 이미 확보한 것으로 알고 있다. 암각화가 발견된 지 37년이 지나도록 적절한 대책을 수립하지 못한 것은 바로 사연댐 때문이라고 한다. 사실이 그렇다면 우리는 반구대 암각화와 사연댐 중에 하나를 선택하지 않으면 안 될 처지에 있는 것이다.

전문가들이 제시한 암각화 보존 방안을 보면 가장 좋은 방법은 사연댐 건설 이전의 상태로 되돌리는 것이다. 그러자면 사연댐을 해체해야 한다. 그러나 울산시민들로서는 사연댐의 식수를 쉽게 포기할 수 없을 것이다. 그래서 차선책으로 사연댐의 수위를 낮추거나 반구대의 물길을 돌리는 방안을 제시하고 있다. 사연댐의 수위를 낮추는 방안에 대하여 수자원공사는 대체댐 건설 등 수백억원의 재원이 소요된다고 하여 반대의사를 밝혔다. 또한 물길을 바꾸는 방법 역시 환경단체가 반대 입장을 밝혔다. 대규모 토목공사로 인하여 반구대 주변환경이 크게 훼손될 것이 명백하기 때문이다.

그러나 몇 백억원의 예산 때문에 반구대 암각화가 훼손되어

가는 것을 보고도 방치한다는 것은 인류문명사에 씻지 못할 범죄 행위이다. 반구대 암각화는 분명 한국 문화의 찬란한 유산이다. 이런 귀중한 세계문화재가 우리의 눈앞에서 마멸되어 가고 있는데도 적절한 보존책을 마련하지 못하면서 이미 사라져버린 언양읍성이나 태화루 복원 등에 천문학적인 예산을 투입하려고 한다니 납득할 수가 없다.

울산광역시 10주년을 기념하는 마당에서 우리는 반구대 암각화와 천전리 각석의 소중함을 다시 한 번 인식하면서 태고적부터 우리 선조들이 고래와 더불어 살아온 그 생생한 자취를 영원토록 보존해야 할 것이다. (2007.02.23)

폭탄테러와 자비의 윤리

지난 2월 27일 아프가니스탄 바그람 미 공군기지의 폭탄테러 사건으로 다산부대 윤장호 하사가 희생되었다. 우리 국민들은 지금 그의 희생을 비통한 심정으로 애도하고 있다. 특히 그가 미국의 인디애나 대학에서 우수한 성적으로 학업을 마치고 자진 입대하여 아프카니스탄 파견을 자원했으며, 전역을 불과 몇 개월 앞두고 비운을 당했다는 사실 앞에서 망연자실하지 않을 수 없다.

우리시대에 테러는 이제 일상이 되고 말았다. 9 · 11 이후 미국을 비롯한 전 세계 국가들은 테러의 위협 속에서 전율하고 있다. 그러면서도 테러를 근본적으로 극복할 수 있는 대책을 마련하지 못하고 전전긍긍하고 있다. 미국이 선포한 테러와의 전쟁 역시 테러를 무차별적으로 확산하는 부정적 결과를 초래하고 말았으며, 테러는 이제 전 세계인이 함께 풀어야 할 골치 아픈 숙제가 되고 말았다.

일부 시민단체들은 윤하사의 죽음을 빌미로 삼아 아프카니스탄과 이라크에서의 즉각적인 철군을 요구하고 있다. 그러나 우리 군만 철수시킨다고 해서 테러 문제가 해결되는 것은 아니다. 무조건 철군을 주장하는 것만이 능사는 아닌 것이다.

우리나라 역시 지정학적으로 전쟁위기가 가장 높은 국가에 속하기 때문에 일단 유사시에 미국을 위시한 국제사회의 지원을 얻어내기 위해서라도 국제적인 분쟁해결에 대한 기여도를 높이지 않으면 안 된다. 그런 점에서 우리가 전투병력보다는 공병과 의무병 중심의 지원군을 파견한 것은 지혜로운 처사였다.

윤하사를 비롯하여 28명의 희생을 낳았던 이번 자살폭탄테러 사건은 정보를 미리 확보하고서도 신속하게 대처하지 못한 미군과 나토군의 책임이 크다고 한다. 그러나 그보다 더 근본적인 문제는 미국의 아프카니스탄 공격으로 초토화되었던 이슬람 무장세력 알카에다 조직이 이라크전쟁을 통하여 지지세력을 확보함으로써 조직적인 활동을 재개했다는 점이다. 이라크 전쟁의 10대 승리자 중에 알카에다가 지목되는 것은 바로 그 때문이다.

이들은 아프카니스탄과 파키스탄의 국경지역, 그리고 이라크 등 전 세계로 활동 반경을 넓혀서 무차별 폭탄테러를 준비하고 있으며, 이미 무장전사 1만여 명이 알카에다의 지휘 훈련을 받고 있다고 한다. 또한 알카에다는 대형폭탄을 장착할 수 있는 장거리 미사일을 개발하고 생화학무기 또는 핵탄두를 장착할 예정이라고도 한다. 그리고 미국이 이라크 내전상황을 조기에 수습하지 못할 경우 테러와의 전쟁은 알제리, 이집트, 팔레스타인 등으로 확산될 것이라는 우려가 커지고 있다.

우리는 새로운 문화 르네상스를 지향하는 21세기가 테러와의 전쟁으로 일그러지는 것을 원하지 않는다. 특히 널리 인간을 이롭게 한다는 홍익인간弘益人間과 요익중생饒益衆生의 정신을 건국이념으로 받들고 있는 우리들로서는 더더구나 전쟁과 테러를 경원시하지 않을 수 없는 것이다.

오늘날 촘스키나 하버마스와 같은 세계적인 석학들 역시 테러 문제를 해결하기 위하여 지혜를 모으고 있다. 테러를 극복하지 않고서 세계평화를 이룩할 수 없기 때문이다. 이들은 종교적 근본주의와 강대국의 패권주의가 테러발생의 근본원인이라고 지적하고 있으며, 그래서 자비의 윤리를 새롭게 요구하고 있다. 고 윤장호 하사의 희생이 헛되지 않도록 지구촌의 평화를 기원해야 할 것이다. (2007.03.03)

무오류성의 원칙

사람들이 하는 일들 가운데서 '무오류성의 원칙'을 주장하는 것처럼 위험하고 무모한 일은 없을 것이다. 사법부에서는 오판에 대비하여 상급심제도를 두고 있으며, 성형수술에서도 재수술이란 것이 있다. MBC 드라마 '하얀거탑'의 장준혁이 의료사고를 낸 것도 무오류성에 근거한 그의 자만심 때문이다.

모대학에서 재임용에 탈락한 전직 수학교수가 자신의 복직 소청 재심사 소송을 담당한 부장판사에게 석궁 테러를 감행한 사건이 있고난 후, 서울지역의 한 부장판사가 사법부 내의 자성을 촉구하면서 대법원장의 책임론을 제기하였다. 언론이 집중적으로 보도했다. 국가사회의 질서를 유지하기 위한 마지막 규범적 판단을 책임지고 있는 사법부가 그 동안 온갖 사태들에 대하여 냉소적으로 반응했던 것과는 전혀 다른 모습이었기 때문에 더 큰 관심을 불러 일으켰을 것이다.

그러나 그 부장판사는 얼마 가지 못해서 자신의 돌출행동으로 조직과 사회에 물의를 빚어서 죄송하다고 물러서고 말았다. 그 철벽을 넘어서지 못한 것이다. 이제 더 이상 사법부 안에서 공개적으로 대법원장의 도덕성 문제를 거론할 내부인사는 출현하지 않을 것이다.

인터넷 신문 프레시안이 수학교수 재판 판결문을 공개하였다. 석궁테러가 없었더라면 그 판결문은 영원히 묻혔을지도 모른다. 그 판결의 논리 속에 숨어있는 비학문적인 선입견과 프라이버시에 대한 작위적인 규율 등 상식적으로 납득할 수 없는 횡포 앞에서 필자 역시 경악하지 않을 수 없었다. 아마도 재판부가 제시한 규범성을 잣대로 한다면 필자가 잘 아는 동료들 수 십 명은 자리를 박탈당해야 했을 것이다. 아마도 그 기준을 판사들에게 적용하면 더 처참한 결과가 나올 것이다.

수년 전에 필자가 직접 경험한 일이다. 삼호교 앞에서 좌회전하여 언양 방향으로 진행하던 중에 아내가 딱지를 떼인 적이 있었다. 분명히 파란불에 진입했는데 신호위반이라는 것이다. 당시에는 좌회전 신호가 너무 짧아서 서너 대밖에 통과할 수 없었다. 앞서가던 대형트럭이 너무 느리게 움직인 탓으로 신호가 도중에 바뀐 모양이었다.

관할경찰서에서 신호체계의 문제점을 제기했더니, 담당여경은 무시하는 듯한 표정으로 과학적 데이터에 근거한 최선의 결정이므로 딴소리하지 말라는 것이다. 그래서 법정에까지 가서 이의를 제기해 보았으나 아무 소용이 없었다. 담당판사는 경찰의 진술만을 증거로 채택하여 벌금형을 부과하였다. 그러나 재판 도중에 들어온 어떤 아가씨에게는 경찰의 진술과 피고자신의 유죄인정에도 불구하고 너무나 시원스럽게 무죄를 선언해 주었다.

재판정에 어쩔 수 없이 끌려나온 자식같은 전투경찰도 그렇고 시간이 아까운 것도 있지만, 우리 사법부가 제대로 된 판결을 할 것 같지 않아서 결국 7만원을 던져주고 말았다. 그 때 필자가 받았던 사법부에 대한 불신감은 아직도 지울 수가 없다. 그래서 신문에 글을 썼다. 그때 그 사건 이후로 삼호교 앞의 좌회전 신호가 길어졌고, 지금은 동시신호까지 넣어주고 있다.

인보에서 언양까지의 4차선 국도에는 자연부락 입구에 위치한 신호등 20여개가 '합법적으로' 작동되고 있다. 차 한 대도 지나가지 않은 길에서 수많은 차량이 줄지어 기다려야 하는 때가 많다. 이런 유형의 도로를 어떻게 관리하는 것이 효율적인지 담당부서에서도 잘 알 것이라고 생각한다. 교통량이 거의 없는 진입로는 점멸등으로 바꾸는 등 적절한 조처가 있기를 바란다. (2007.03.09)

신채호 르네상스

우리나라의 고등학교 역사교과서 32쪽 부분의 "고조선은 단군왕검이 건국하였다고 한다"라는 문장이 "삼국유사와 동국통감의 기록에 따르면 단군왕검이 고조선을 건국하였다"로 바뀌게 되었다. 앞의 표현은 고조선의 건국을 하나의 신화로 묘사하고 있는 반면에 나중의 표현은 고조선의 역사적 실체를 확정한 것이어서 그 동안 잃어버렸던 우리의 고대사를 명실상부하게 복원한 것이 된다.

현재 우리에게 남아있는 고대사 자료로는 김부식의 『삼국사기』가 유일하다. 그런데 문제는 이 책이 우리의 역사를 바로 기술하기보다는 심각할 정도로 왜곡시키고 있다는 주장이 단재 신채호(1880~1936) 선생에 의하여 제기되었다. 그가 52세 때부터 조선일보에 연재한 원고들, 즉 『조선상고사』와 『조선상고문화사』는 우리시대에 최고의 고전으로 평가받고 있다. 최근에 박기봉 선생이 이 책들을 다시 쉽게 풀이하여 펴냄으로써 이른바 신채호 르네상스를 일으키고 있다.

우리는 단군이 고조선을 건국하였으며, 그것이 동아시아 대륙

전체를 포괄하는 거대한 제국이었다는 사실을 어렴풋하게 알고 있지만, 우리의 역사교과서에서는 아무런 정보도 찾을 수 없었다. 그 원인을 우리는 크게 두 가지로 정리할 수 있다. 그 하나는 오랜 동안의 전란을 통하여 우리의 역사서가 약탈, 소각된 사실에 있으며, 다른 하나는 사대주의자 김부식과 친일분자 이병도가 우리 역사계의 주류로 군림해왔던 사실에 있다.

단군왕검의 문물을 지켜오던 북부여가 선비족의 모용외에게 침탈당하면서 사서들이 소각된 이후, 당의 장수 이적과 소정방에 의하여 고구려와 백제의 서책들이 대대적으로 불태워졌다. 신라의 서책들은 견훤에게 약탈되어 후백제가 멸망하면서 함께 불태워지고 말았다. 고려시대에 묘청의 난을 평정한 김부식은 상고사에 관한 자료들을 모두 수거하여 밀실에 숨긴 후, 단군조선과 부여와 발해의 역사를 배제한 자신의 『삼국사기』를 일반에게 보급시켰다.

그나마 잔존하던 역사서들은 임진왜란 당시에 불태워졌으며, 1925년에 만들어진 일제의 조선사편수회는 우리의 고대사를 체계적으로 왜곡하였는데, 그 대표적인 가담자들이 바로 매국노 이완용의 조카 이병도 등이다. 이들은 서울대학교 사학과 교수로 재직하면서 오늘날에 이르기까지 국사학계를 장악함으로써 상고사의 복원을 저지해왔던 것이다. 사실상 국민 혈세로 우리 역사의 왜곡을 장려한 셈이다.

그들의 학문적 주장근거는 바로 실증사학實證史學이었다. 이 실증사학에 근거하여 아베총리는 일본정부가 군대위안부를 동원하는데 개입했다는 공식적인 증거가 없다고 주장했던 것이다. 그러나 일본인들의 실증사관은 천박하게 변형되고 일탈된 사이비 실증주의에 지나지 않는다. 어떤 사람이 그가 자신을 낳아준 부모에 대한 자료적 근거를 제시하지 못할 경우 그의 존재는 부정되는가? 광개토대왕비문 조작사건은 일본인들의 역사이해가 얼마나 병적인가를 단적으로 보여준다.

기록물보다 더 확실한 것은 우리에게 구전된 역사적 실상들이다. 중국인들과 일본인들이 왜곡하고 날조한 기록들 가운데서 우리의 역사적 진실을 규명하는 것은 우리 역사학자들의 일차적 과제이다. (2007.03.17)

반구대 암각화 훼손 책임

반구대 암각화의 훼손 정도가 매우 심각하다고 한다.

1970년 12월24일 동국대학교 문명대 교수팀에 의하여 발견되어 1995년 6월 23일 국보 제285호로 지정된 울산 대곡리 반구대 암각화蔚山大谷里盤龜臺岩刻畵는 지금까지 적절한 보존 대책이 수립되지 않아서 훼손이 가속화되고 있는 실정이며, 관련 학계와 시민단체는 울산시가 추진하는 전시관 건립공사조차도 암각화 훼손을 심화시킬 것이라고 비판하면서 즉각적인 공사 중단을 요구하고 나섰다.

학계의 주장에 의하면 가장 큰 훼손 요인은 사연댐이라고 한다. 문화재청은 2000년부터 서너 차례의 심포지움을 통하여 암각화의 훼손을 방지할 수 있는 최선책으로서 사연댐 수위 조절안을 제시한 것으로 알려졌다.

그런데 이 방안을 반대하고 나선 것은 바로 울산시였다고 한다. 무슨 계산법인지는 모르겠지만 2천5백억원 이상의 예산이 소요되기 때문이란다. 언론과 방송에서 암각화의 소멸 위기를 긴급 보도하자 다급해진 울산시는 최악의 방안이었던 50억원 규모의 차수벽 설치공사를 제안하였다.

한편 울산시는 관련 학계와 시민단체의 필사적인 반대에도 불구하고 암각화의 850m 상류지역에 38억원 규모의 선사문화전시관 공사를 서두르고 있다. 학계 인사들은 이 시설물이 반구대의 경관을 해칠 뿐만 아니라 암각화 훼손을 가속시킬 것이라고 판단하고 있으며, 행정 감사 청구와 공사중지 가처분 신청 등 저지 방안을 모색하고 있다.

따라서 반구대 암각화 보존 및 관리와 관련된 문제에 대한 행정적, 법적 책임 공방이 어떻게 진행될 것인가에 우리의 관심이 쏠리는 것은 매우 당연한 일이다.

"문화재보호법" 13조에 의하면 국가지정문화재의 보존·관리 및 활용에 관한 기본계획은 시장과의 협의와 문화재위원회의 심의를 거쳐 문화재청장이 수립하도록 되어 있으며, 시장은 기본계획에 따른 세부시행계획을 수립·시행하도록 되어 있다. 따라서 반구대 암각화 훼손의 주된 책임은 국보로 지정된 1995년 6월 23일 이후 문화재청장이 수립한 기본계획안의 내용을 확인함으로써 분명하게 가릴 수 있을 것이다. 우리는 직무를 유기한 사람이 문화재청장인지 울산시장인지를 밝힐 필요가 있다.

현재 진행 중인 전시관 건립 공사의 책임 소재도 분명히 할 필요가 있다. 문화재청은 울산시와 관련 학계 및 단체 사이의 논란에 대하여 적극적으로 나설 위치에 있지 않다는 모호한 입장을 취하고 있다.

그러나 "문화재보호법시행령" 4조에 의하면 문화재의 보수·정비, 문화재 주변환경의 보호, 기타 문화재의 보존·관리 및 활용에 필요한 사항은 기본계획에 반영하도록 되어 있다.

따라서 울산시가 추진하는 전시관 역시 문화재청이 수립한 기본계획안에 포함되어 있어야 한다. 이 경우에 전시관 건립의 책임은 전적으로 문화재청장에게 있다. 그러나 기본계획안이 존재하지 않거나 전시관 건립이 포함되지 않았음에도 불구하고 울산시가 독자적으로 추진하는 일이라면, 문화재청장은 즉각 울산시에 공사 중지를 요청해야 할 것이다.

문화재청과 울산시가 그 동안의 직무유기에 그치지 않고 차수벽 설치 및 전시관 공사를 강행 처리할 경우 시민들과의 행정적, 법적 시비에 휘말리게 될 것이다. (2007.03.24)

인권의 적성국가 일본

일본의 아베 신조安倍晋三 총리를 비롯한 지도부 인사들이 정신대 및 종군위안부 문제에 대하여 책임 회피적 발언을 계속하는 가운데 미국과 캐나다 의회가 이 문제에 대한 결의안을 마련하고 있어서 그 귀추가 주목되고 있다.

최근에 "군이나 정부가 위안부 모집에 관여한 증거가 없다"고 발언했던 아베 총리는 오래 전부터 종군위안부들이 '창녀들'일 뿐이라는 인식을 가지고 있었다. 한국인 부모들이 돈을 벌기 위해서 딸을 팔아넘겼다는 것이다. 이와 같은 인식은 일본인 지도층 인사들의 일반적인 생각이기도 하다. 이처럼 일본 지도부 인사들은 한국을 비롯한 아시아 여러 국가의 여성들이 일본 군대에게 몸을 팔기 위하여 자원했다고 주장하고 있다.

최근 뉴스위크에 일본 정부가 종군위안부 사태에 대하여 책임이 없다는 논조로 기고하여 미국 사회의 반발을 불러일으켰던 일본의 극우 역사학자 가세 히데아키 역시 "미 육군 기록에 종군위안부는 창녀로 명시돼 있다"고 왜곡하였는데, 이는 일본 지도부의 견해를 그대로 반영한 것이다.

1944년 미얀마의 일본군 점령지역을 탈환했던 미군의 조사기록에 의하면, 1942년 5월 일본인 요원들이 800명의 한국 여성들을 꾀어내어 미얀마의 랭군으로 데려가 성노예로 삼은 사실이 있다. 이 보고서는 한국여성들이 처음부터 창녀였던 것이 아니라 강제적으로 끌려가서 일본군의 창녀로 배속되었다고 기록하고 있다.

전쟁 중에 일본 군인과 경찰 조직에 의하여 아시아 여성들이 강제적으로 동원되었던 것은 부정할 수 없는 역사적 사실이다. 1932년 상해사변이 일어나면서 일본군의 강간행위가 빈번하게 발생하자 오카무라 야스지岡村 중장이 군대위안부 설치를 건의한 바 있으며, 1937년 난징南京대학살 사건 때에도 일본군의 강간사태가 극에 달하여 대책 마련에 나섰다고 한다.

1937년 8월 24일 일본 정부는 각료회의에서 '국민정신 총동원실시 요강'을 가결함으로써 여성의 전쟁 동원에 대한 법적 근거를 마련하였다. 1941년 11월 '국민근로보국 협력령', 1942년 5월 '제2차 특별요원 진출에 관한 조회', 같은 해 8월의 '국민징용령' 제2차 개정안, 그리고 1943년 9월 '여자정신대근무령' 등을 통하여 여성들을 전쟁터로 강제 동원하였으며, 그 결과 약 17~20만 명 정도가 희생되었을 것으로 추정되고 있다.

현재 미국의 수천 개 학교에서 100만 명 이상의 학생들이 배우고 있는 세계사 교과서 『전통과 만남: 과거에 대한 세계적 조망』(2003)에는, 일본군이 최대 30만 명에 이르는 여성들을 징집하였으며, 14~20세의 여성들에게 '위안소'라고 불리는 군 매춘 시설에서 성행위를 강요하였는데, 그 중 80%가 한국 여성이었다고 밝히고 있다.

최근 일본 정부는 인도네시아 자카르타에서 강제 매춘 위안소를 운영했던 자가 야스쿠니靖國신사에 호국 영령으로 합사合祀된 사실을 시인한 바 있다. 일본의 종군위안부 문제 전문가들조차도 이는 곧 일본 정부가 위안소 운영자를 전쟁 영웅으로 인정하는 것과 마찬가지라고 보고 있다. 일본 지도자들의 이중적인 심사가 들통난 것이다.

일본의 극우파 정치인들은 일본 국민들에게 도덕적으로 일탈된 관념을 부추겨야만 지지를 얻을 수 있다는 착각에 빠져 있다. 일본 국민에게 패륜적 이데올로기를 주입하려는 반인륜적 행위를 중단하지 않을 경우 일본은 '인권의 적성국가'라는 굴레에서 벗어나지 못할 것이다. (2007.03.01)

이명박 후보의 747구상

한나라당의 유력한 대선후보인 이명박 전 서울시장이 4월 5일 국원포럼이 주최한 학술세미나(상공회의소 7층 대강당)에서 "선진한국을 향한 비전과 도전"이라는 주제로 약 1시간 동안 특강을 하였다.

그는 이 자리에서 대한민국 747경제 비전이라는 정치 구상을 밝혔다. 747구상이란 7%의 경제성장으로 국민소득 4만불 시대를 열어서 세계 7대 강국의 반열에 올려놓겠다는 것이다.

그에 의하면 우리나라는 현재 약 3% 정도의 경제성장을 유지하고 있는데, 이는 국민의 정부나 참여정부에서 분배 위주의 정책을 시행했기 때문이라고 지적하였다. 이후보는 분배도 중요하지만 현재 상태에서 우리나라에게 필요한 것은 성장 위주의 정책이라고 강조하였다. 그는 우리가 부담해야할 통일 비용은 독일정부보다 훨씬 더 과중할 것이라고 예측하면서 통일 역량을 비축하기 위해서는 성장 정책이 필수적이라고 전망하였다.

이 날 학술대회에 필자는 토론자로 참여하였으며, 강연이 끝난 후 한미FTA체결에 관한 그의 입장에 대하여 질문하였다. 주최측에서는 될 수 있는 한 미리 준비된 질문지 가운데서 선택해 줄 것을 당부하였으나 필자는 이를 거절하고 전 국민의 관심사로 부각된 FTA 문제를 거론하였다.

필자 자신은 한미FTA체결을 지지한다. 또한 산업수도인 울산 역시 지지 입장이 우세한 지역이고, 한미FTA가 체결될 경우에 가장 큰 수혜지역이 될 것이라고 전망하고 있다. 그렇지만 필자는 언론에 보도된 찬반여론의 핵심주장들을 정리하여 이후보가 어떤 생각을 하고 있는지를 파악해보고자 하였다.

반대자들의 주요논거는 한국의 관세는 8%이고 미국의 관세는 2%이기 때문에 우리가 결정적으로 손해라는 것과, 중국 위협론을 해소하기 위하여 미국에 우리 경제를 맡기는 것은 도박행위에 다름없으며, 전 국민의 3%에 달하는 농업인구가 실업에 봉착할 경우 미치는 경제적 여파를 극복하기 힘들다는 것이었다. 또한 미국, 캐나다, 멕시코가 체결한 북미자유무역협정NAFTA 이후 멕시코의 경제성장이 우리나라의 경제성장보다 훨씬 쳐진 사실을 내세우면서 미국과의 FTA체결이 경제성장을 보장하는 것은 아니라는 점을 강조하기도 하였다.

보수언론조차도 멕시코의 더딘 경제성장에 대해서는 정부차원의 적절한 후속대책이 없었기 때문이며, 따라서 우리 정부가 이를 타산지석으로 삼아서 한미FTA체결 이후 빠른 시일 안에 보완책을 마련해 줄 것을 당부하기도 하였다.

이러한 취지의 질문에 대하여 이후보는 이번 한미FTA협정은 자신의 747구상을 앞당겨 실현할 수 있는 좋은 기회라고 명쾌하게 답변하였다. 그리고 멕시코의 더딘 경제성장은 정치 불안 때문이라고 진단하면서 그들이 기회를 적절하게 활용하지 못했다고 지적했다.

특히 이번 협상에서 농업분야는 제외되었으며, 우리 농촌에는 노령인구만이 있기 때문에 실업문제가 발생하지 않을 것이라고 전망하였다. 쇠고기와 감귤 개방 역시 소비자의 입장에서 보면 나쁜 선택만은 아니며, 이를 계기로 농업분야에서의 품질 향상 및 가격 경쟁력 강화를 도모할 수 있을 것이라고 밝혔다.

이후보는 지금 우리가 경제성장을 이룩하지 못하면 가까운 미래에 우리에게 닥칠 문제들을 극복하기 어려울 것이라고 전망하였다. 이날 그의 리더십이 돋보였던 것은 우연만은 아닌 듯하였다. (2007.04.06)

개헌안 발의 유보와 참여정부의 책무

청와대는 4월 14일 그 동안 추진해왔던 4년 연임제 개헌안 발의를 유보하겠다고 발표하였다. 바로 며칠 전에 유보하겠다고 발표했다가 노대통령의 고집이 여론에 꺾인 것으로 보도되자, 각 정당이 18대 국회에서 개헌안을 발의하겠다는 대국민 약속을 하지 않으면 다시 발의하겠다고 번복했다가, 여론이 악화되는 것을 보고서 후퇴한 것이다.

그러면서 청와대는 "18대 국회 개헌을 국민에게 약속한 각 당의 합의를 수용한다"고 둘러댔다. 한나라당과 열린우리당은 18대 국회에서 개헌문제를 다루고 이를 대선 공약으로 제시한다는 선에서 마무리했을 뿐이다. 노대통령이 요구한 4년 연임제 원포인트 개헌안과는 거리가 멀다. 어쨌든 국민들은 그 동안 혼미했던 개헌정국이 끝나게 되는 것만으로도 안도의 한 숨을 돌리게 되었다.

한미FTA체결은 노대통령의 지지구도에 급격한 변화를 초래하였다. 반노세력으로부터는 극찬의 대상이 되었지만 친노세력들은 정권퇴진을 들고 나왔기 때문이다. 그러나 막상 FTA가 체결되자 이들 역시 잠잠해지고 말았다. 그래서 개헌정국까지 밀어붙이면 뭔가 밑그림을 그릴 수 있다고 생각했는지도 모른다.

그러나 대다수 국민들은 노대통령의 개헌 제안 배경에 대해서 납득하지 못했다. 국회의원 임기가 4년이고 대통령 임기가 5년이라서 엇갈린 선거에 고비용을 지출해야 하기 때문인가? 햇수를 맞추기 위한 것이라면 국회의원 5년 단임제 개헌안이나, 대통령과 국회의원 모두 3년 연임제로 통일하는 것은 왜 안 되는 것일까? 국민적 합의가 없었던 것이다. 이처럼 상식을 넘어선 정치 구상은 국민들을 실망시키고 피로감만 가중시킬 뿐이다.

노대통령은 군국주의를 재건하기 위하여 주도면밀하게 개헌 작업을 추진하고 있는 아베 총리를 타산지석으로 삼아야 한다. 그가 비록 우리 국민들에게는 비난의 표적이 되고 있지만 자국의 이익과 관련하여 치밀하게 계획하고 연구하는 자세는 본받을 필요가 있다. 이와 함께 독도와 동해 등의 지명 표기조차도 자신들의 주장을 관철시키기 위하여 유엔과 세계 각국을 상대로 외교력을 경주하는 일본의 속셈까지도 경계해야 할 것이다.

노무현 대통령의 참여정부가 은근히 걱정하는 것은 치적인 것 같다. 도대체 참여정부가 그 동안 무엇을 어떻게 했는지 혼란스럽기만 하다는 것이 국민들의 일반적인 생각이다. 그래서 지금은 아예 거론조차 하지 않으려고 한다. 그러나 노대통령이 할 수 있는 일이 전혀 없는 것은 아니다. 바로 간도 영유권 문제이다.

일본은 1909년 9월에 만주철도 부설권을 얻는 조건으로 간도 지역을 청국에 이양한다는 이른바 간도협약을 체결하였다. 조선과 청국 사이의 국경 문제를 일본이 일방적으로 넘겨준 것이다. 우리 정부는 국제법상 2009년 이전에 이의를 제기해야 한다. 중국정부는 이미 동북공정을 완료하여 간도 지역에 대한 역사적 주권을 확립하였다.

뜻있는 사람들은 국제법적 시한이 종료 단계에 있는 청일 양국의 간도협정에 대하여 우리 정부가 이의 제기를 해야 한다고 생각하고 있다. 시한을 넘기면 간도 문제에 대한 발언권 자체도 사라지게 된다. 정치외교적인 득실관계를 신중하게 고려해야 하겠지만, 간도 영유권 주장이야말로 노대통령의 마지막 소임이 되어야 할 것이다. (2007.04.14)

복지행정의 무사안일

울산 남구 종합사회복지관이 주민들의 복지사업에 사용해야 할 예산을 직원들의 해외여행 경비로 변칙 사용한 것으로 알려져 정확한 진상조사가 필요할 것으로 생각된다.

남구 사회복지관을 위탁 운영해온 울산 YMCA는 전문적인 경영능력을 갖춘 시민종교단체로 알려져 있다. 따라서 이 같은 변칙 운영에 대한 책임 소재가 YMCA에 있는 것인지, 아니면 남구청 공무원에게 있는 것인지를 분명하게 가릴 필요가 있다.

이와 함께 울산시의 공공영역에서 이루어지고 있는 주민복지교육 정책 전반에 대해서도 새롭게 점검하고 반성하는 계기로 삼아야 한다. 공신력이 큰 YMCA의 위탁 경영에서 이러한 불상사가 발생했다면, 다른 사회복지관의 경우에는 더 큰 문제가 있을 수도 있기 때문이다.

울산시 구·군 소재 종합사회복지관, 노인복지회관, 장애인복지회관, 그리고 주민자치위원회 등에서는 다양한 교육프로그램을 운영하고 있으며, 주민들의 교육 열기도 갈수록 높아지고 있다. 따라서 관계 당국은 주민복지교육에 대하여 보다 적극적인 관심을 가져야 할 것이다.

성공적인 주민복지교육을 위해서는 교육경력이 풍부한 훌륭한 강사를 채용할 수 있는 인사시스템을 구축하는 것이 시급하다. 그러나 일부 복지관과 주민자치위원회는 인사지침 자체가 부적절하거나 아예 없는 경우까지 있다고 한다. 어떤 자치단체의 사회복지관에서는 우수강사가 강의할 수 있는 기회를 원천적으로 차단하고 있다. 또한 대부분의 주민자치위원회는 인사지침조차도 가지고 있지 않다. 그 때문에 교육경력이나 실력에 관계없이 로비나 상술에 능한 자가 채용되기도 한다는 것이다.

학원, 협회 등의 연고를 앞세운 일부 강사들은 수업시간이 겹치는 강의까지 도맡아 놓고서 학원생들에게 도급을 주는 불법을 저지르고 있다고 한다. 담당 공무원들이 이를 단속하지 않는 것은 주민복지교육을 유흥업소의 공연 정도로 가볍게 여기기 때문일 것이다. 강사 본인이 직접 강의하지 않는 것 정도는 쉽게 파악하여 단속할 수 있는 일이지만, 상급기관인 울산시에서는 이런 사실조차도 인지하고 있지 않다.

사회복지관 등, 주민복지교육의 담당 공무원이 한직으로 밀려난 사람으로 인식되는 것도 문제이다. 일주일에 수천 명의 주민들이 드나드는 곳에 경험 없는 공무원을 배치해 놓고서 능동적인 업무활동을 기대하는 것은 무리일 수밖에 없다. 따라서 효율적인 교육 프로그램 운영을 위해서는 퇴임 교장 등 유능한 교육경력자를 자원봉사직 명예관장으로 위촉하여 직무를 보조하게 하는 것도 고려할 필요가 있다.

평생교육에 대한 관심이 높아지고 있는 절호의 기회를 적절하게 활용하지 못하는 것은 여간 안타까운 일이 아니다. 전반적으로 울산시의 주민복지행정은 무사안일과 복지부동의 전형이 아닐 수 없다. 울산시민의 민도가 여타 도시에 비하여 낮은 점을 감안하면 행정청의 보다 적극적인 노력이 요구된다.

지금 울산시에는 대학교육과 교직과정을 이수한 많은 교사들이 학교를 배정받지 못하고 있는 실정이다. 그런데도 울산시 산하 주민교육기관들은 참신한 전문 인력이 참여할 수 있는 행정적 조처에 너무나 인색하다. 울산시 주민복지교육 당국자는 주민복지교육 정책 전반에 대하여 꼼꼼하게 점검해줄 것을 당부한다. (2007.04.21)

4·25선거의 정치공학적 의미

4·25선거 결과에 대한 각 정당의 해석은 그야말로 제각각이었다. 국회의원 3석을 한나라당, 민주당, 국민중심당이 각각 1석씩 가져갔으나, 민주당과 국민중심당이 승리를 선언한 반면에 한나라당은 스스로 완패를 선언하였다. 아예 후보조차 내지 못하고 두 석을 빼앗겼던 열린우리당은 반한나라당 통합을 추진하라는 민심으로 받아들였다.

사실상 이번 선거는 향후 정국방향에 특별한 영향을 미칠 소지가 크지 않았음에도 불구하고, 대다수의 언론과 방송에서는 대선 정국에 결정적인 영향을 끼칠 수 있는 것처럼 호들갑을 떨었다.

호남에서 김홍업 후보의 당선은 DJ와 민주당의 추악한 정략적 산물이며, 이미 승부가 결정된 것이다. 충청권에서 심대평 후보의 당선 역시 이미 확정된 것이나 마찬가지였다. 그가 충청 지역에서 JP 이후의 상징적 정치인으로 급부상하고 있기 때문이다. 그러나 이 역시 지역주의의 산물에 지나지 않는다.

따라서 이미 승부가 정해진 2석을 제쳐두고 남은 1석을 차지한 한나라당은 그나마 선전을 한 셈이었다. 그러나 선거 후 한나라당은 초상 난 집안 꼴이었고, 주요 당직자들이 줄줄이 사퇴하는 모습을 연출하였다. 그것은 마치 버지니아 총기난사 사건에 대하여 우리 국민들이 죄의식을 갖고서 사과한 것을 방불케 하였다.

민주당의 승리는 수치이지 자랑거리가 될 수 없다. DJ부자의 정치권력 승계는 김일성 부자의 권력세습보다 더 지탄을 받아야 할 일이다. 대통령직을 수행하고 노벨평화상까지 받아놓고서 동경 납치사건의 진상을 밝히라고 새삼스럽게 요구하는 것 자체도 이해할 수 없다. 통합신당이 실패할 경우에는 후보통합이라도 추진하라는 그의 훈수는 노욕의 오르가즘이다.

통합신당 추진세력과 열린우리당에서는 이번 선거 결과가 반한나라당 돌풍을 예고하는 결정적인 계기가 될 것이라고 해석한다. 그러나 열린우리당의 실패 과정을 지켜본 국민들이 과연 그런 해석의 빌미를 주었다고 볼 수 있는 대목은 어디에서도 찾기 어렵다. 아전인수我田引水에 지나지 않는 것이다. 이번 선거는 특별한 의미를 부여할 필요가 없는 그저 평범한 선거에 지나지 않았다.

그렇다면 한나라당은 왜 이번 선거결과에 대하여 완패를 선언할 정도로 의기소침해 있는 것일까? 그것은 바로 이번 대선에서 또다시 실패하지 않을까라는 우려 때문이다. 앞서 말한 것처럼 이번 선거구도는 한나라당의 선거운동 결과에 관계 없이 이미 특정된 것이라고 볼 수 있다. 다시 말하지만 이명박 후보와 박근혜 후보가 충청도와 전라도에서 사이좋게 선거유세에 임했다고 하더라도 승리로 이끌 수는 없었을 것이다.

그러나 언론과 정치권이 이번 선거를 한나라당의 참패로 규정하고 그에 대한 원인을 공천비리와 두 대권후보의 알력에 있다고 함으로써, 한나라당 역시 정치권의 집단무의식에 점염되고 말았다. 그래서 사실의 진위 여부와 관계없이 이번 선거를 참패한 것으로 받아들인 것이다.

한나라당은 돈 선거와 공천비리로 얼룩진 부패정당의 이미지를 탈피할 수 있는 획기적인 비전을 제시하지 못하고 두 대권주자 역시 네거티브 공세를 지양하지 않을 경우에 결국 이번 대선에서도 참패하게 될 것이라는 마법에 걸려든 것이 분명하다. (2007.04.28)

강재섭 대표의 중재안은 정당한가?

한나라당 강재섭 대표최고위원은 2007년 5월 9일 긴급 기자회견에서 대통령 후보자 경선 룰에 대한 최종 입장을 발표하였다. 박근혜 후보는 이 중재안이 위헌적이어서 수용불가 입장을 밝힌 후 칩거하였으며, 강대표는 5월 11일 자신의 안이 받아들여지지 않을 경우 대표직과 국회의원직까지 내놓겠다고 맞불을 놓았다.

서로가 배수진을 치고 있는 상황에서 강대표의 중재안이 정당성을 가질 수 있는지, 아니면 한나라당의 당헌에 위배되는 것인지에 우리의 관심이 집중될 수밖에 없다.

강대표는 지난 3월 16일 대선후보자들이 국민참여선거인단의 규모를 유권자수의 0.5%(대의원 20%, 당원 30%, 국민 30% [나머지 20%는 여론조사 반영비율로 추산됨])로 정하기로 합의한 사실을 한나라당 경선준비위원회에 전달했다고 한다. 그러나 경선준비위는 8월, 선거인단 20만명의 경선 안을 최종 확정한 것으로 발표했다.

강대표는 경선 룰에 대한 분란은 경선준비위가 자신의 지시를 따르지 않은 데서 비롯되었으며, 따라서 유권자 총수(2006년 지방선거 기준)의 0.5%인 18만 5,321명에다가, 여론조사인원 20%를 더한 23만 1,652명의 선거인단을 구성하는 것을 중재안으로 제시하였다. 또한 그는 "순회연설회를 미리 끝내고 시·군·구별 투표소에서 하루에 동시 투표하는 경선방식"을 제안하는 한편, "국민투표율이 3분의 2(67%)에 못 미치면, 이를 3분의 2로 간주하여 여론조사 반영비율의 가중치 산정에 적용해야 한다"고 주장하였다.

한나라당 당헌黨憲 제5장, 제82조에 의하면 대통령후보자는 국민참여선거인단의 투표결과(80% 반영)와 여론조사결과(20% 반영)를 종합하여 선출하도록 되어 있다. 그런데 강대표가 전달했다는 합의내용에 의하면 경선준비위의 20만명 안에는 이미 여론조사 비율 20%가 반영되어 있다. 이와 반대로 강대표의 23만명 안은 경선위의 20만명을 순수한 국민참여선거인단으로 해석하여, 여기에다 여론조사 20%를 추가로 반영하여 추산한 것이다. 따라서 박후보 측이 합의내용을 일방적으로 번복한다고 항의하는 것은 당연할 것이다.

20만명 안과 23만명 안 모두 당헌의 규정에 부합되지만, 전자는 경선준비위의 결정사항이고 후자는 강대표 개인의 제안이라는 데 본질적인 차이가 있다. 이 부분은 당헌당규의 문제가 아니라 후보자들 간의 합의 문제이므로 전국대의원회의에 상정하는 것 자체가 무리일 것이다.

또한 강대표는 순회연설회를 미리 마치고 선거를 하루에 동시

실시함으로써 투표참여율을 높일 수 있다고 제안하였다. 그러나 이 주장은 명백한 위헌이다. 한나라당 당헌에 의하면 국민참여 선거인단 투표는 선거관리위원회가 정한 일정에 따라 각 시·도별로 순회 실시하도록 규정하고 있다(제82조). 따라서 국민경선을 하루에 전면적으로 실시하기 위해서는 당헌 개정이 선행되어야 한다.

마지막으로 국민투표율이 3분의 2(67%)에 못 미칠 경우에 이를 3분의 2로 간주하여 여론조사 반영비율의 가중치 산정에 적용하는 문제 역시 위헌적인 발상이다. 당헌에는 국민경선과 여론조사의 반영비율이 별도로 명시되어 있기 때문에 이를 연계하는 것은 부당하다. 따라서 이 경우에도 당헌 개정이 필수적이다. 이 점에서 한나라당 당헌에 위배되는 내용을 담고 있는 강대표의 중재안이 정당하다고 주장하는 것은 무리라고 생각한다. (2007.05.11)

강대표의 중재안은 다음과 같은 몇 가지 사실에서 정당성을 결여하고 있다. 우선 한나라당의 당헌을 준수해야 할 당 대표가 당헌에 위배되는 내용을 골자로 함으로써 자신의 본분을 망각하였다는 점을 들 수 있다.

중립을 유지해야 할 강대표가 특정 후보에게 유리한 안을 내놓은 것도 문제일 것이다. 더구나 상대적으로 손해를 입을 수밖에 없는 상대 후보가 수용불가 입장을 표명했음에도 불구하고, 재조정하지 않고 일방적으로 관철시키려는 것도 이해할 수 없는 일이다.

또한 자신의 안을 전국위원회에 상정하여 통과되지 않을 경우에 대표직과 국회의원직을 사퇴하겠다고 배수진을 친 것은 공평무사한 중재자로서의 역할을 포기한 것이다. 그것은 바로 강대표 스스로 총력을 다하여 이명박 후보에게 유리한 안을 통과시키려고 한 것이나 다름없기 때문이다.

이와 같은 다툼의 불씨는 3월 16일 경선준비위가 확정 발표한 "8월, 선거인단 20만명" 안에서 자라고 있었다. 여론조사의 반영비율과 방식을 두고 두 후보 진영이 해석을 달리한 것이다.

박후보 진영에서는 선거인단 20만명 속에 여론조사 반영 비율이 포함된 것으로 이해한 것 같고, 이후보 진영에서는 20만명 이외에 별도의 여론조사 반영비율을 요구했던 것으로 보인다. 그래서 강대표는 그 해결책으로 유권자 총수의 0.5%인 18만 5,321명(80%)에다가, 여론조사인원 20%를 더하여 23만 1,652명의 선거인단을 구성해야 한다고 주장한 것이다.

그렇다면 과연 대선후보자들이 합의한 사항과 경선준비위가 확정한 내용에서 여론조사 반영비율이 분명하게 정리되지 않았던 것일까?

강대표가 2007년 5월 9일 기자회견에서 밝힌 내용을 보면, 지난 3월 16일 대선후보자들은 국민참여선거인단을 유권자수의 0.5%(대의원 20%, 당원 30%, 국민 30%) 규모로 정하는 데 합의하였으며, 한나라당 경선준비위는 "8월, 선거인단 20만명"의 경선 안을 확정하였다. 그렇다면 이 20만명 속에 여론조사 반영비율이 포함되었는가가 관건일 것이다.

한나라당 당헌은 국민참여선거인단을 유권자 총수의 0.1% 이상으로 하되, 대의원은 총수의 8분의 2, 당원과 국민은 각각 8분의 3으로 구성하도록 규정하고 있다. 그런데 3월의 합의 내용은 유권자수 0.5%의 선거인단 구성비율을 대의원 20%, 당원 30%, 국민 30%로 표기하고 있다.

선거인단의 배정비율을 '8분의 수'가 아닌 '퍼센트'로 표기한 것은 여론조사 비율이 이미 반영되었다는 것을 의미한다. 그렇지 않다면 대의원 8분의 2, 당원 8분의 3, 국민 8분의 3으로 표기했어야 한다. 선거인단의 구성비율을 80%로 규정한 것은 20만 명 안에 이미 여론조사 비율 20%가 반영되었음을 뜻한다.

대의원수는 20만 명의 20%(국민선거인단 총수의 8분의2) 4만 명이고, 당원과 국민은 각각 30%(8분의3) 6만 명으로서 총 16만 명의 국민참여선거인단(반영비율 80%)이 구성되며, 여기에 여론조사 반영비율 20% 4만 명을 더하여 20만 명의 총선거인단이 되는 것이다.

만일 강대표가 생각하는 것처럼 20만 명 안에 여론조사 적용비율이 배제되었다면 총선거인단은 25만 명이 되어야 할 것이다. 그러나 이 해석은 지금까지의 합의 과정을 볼 때 타당하지 않다.

강대표의 중재안은 한나라당의 최고 규범인 당헌에 위배될 뿐만 아니라 후보들과 경선준비위의 합의사항을 번복하는 결과를 초래하였다. 이 안을 관철할 경우 이명박 후보에게도 득이 되지 않을 것이다. 비록 그가 경선에서 이기더라도 아킬레스건으로 작용하여 대선에서 패배할 수 있기 때문이다. (2007.05.12)

양보는 아름답다

한나라당은 내부 분란을 슬기롭게 극복함으로써 집권 가능성에 성큼 다가서게 되었다.

한나라당의 대선 예비후보자 이명박李明博 전 서울시장은 5월 14일 분당 직전의 상황에서 놀라운 정치력을 발휘함으로써 경선룰 논란에 종지부를 찍었다.

이후보는 국민투표율 하한선(67%) 보장에 의한 여론조사 반영비율 확대 조항을 과감하게 포기함으로써 박근혜 후보가 강재섭 대표의 중재안을 수용하도록 이끄는 데 성공했다. 이로써 한나라당은 내부 혼란을 모두 수습하고 경선 가도에 순조롭게 진입할 수 있게 되었다.

두 후보자는 경선준비위 이전의 합의사항이었던 유권자 총수의 0.5% 선거인단 구성을 승인하였다. 이로써 국민참여선거인단은 여론조사 배정비율을 포함한 23만1천652명의 규모로 확정되었다.

이후보의 양보에 이어서 박후보가 나머지 중재안을 전격 수용함으로써 순회 경선투표는 동시투표제로 대체되었다. 시·군·

구 단위까지 투표소를 확대 설치하고 하루에 동시투표를 실시한다는 방안이다. 박후보 역시 투표율을 제고할 수 있는 현실적인 방안을 수용함으로써 이후보가 우려해왔던 부분에 대한 실질적인 해답을 준 셈이다.

물론 최종적인 승리를 목표로 하는 두 후보에게 이러한 절충안이 만족할만한 것은 아닐 것이다. 그러나 두 후보는 이 같은 극적인 합의를 통하여 국민들에게 희망찬 기대감을 안겨줄 수 있게 되었다.

특히 강대표의 중재안이 그대로 통과될 경우에 보다 확실한 승리를 보장받을 수 있었음에도 불구하고 이후보가 조건 없이 과감하게 양보한 점에 대해서는 찬사를 받아 마땅할 것이다. 또한 "8월, 20만명"이라는 3월의 합의내용에 연연하지 않고, 이후보의 양보에 화답한 박후보의 판단력도 높은 평가를 받을 만하다.

얼마 전까지만 하더라도 두 후보는 한 치의 양보도 없는 배수진을 치고서 극한 대립하는 듯한 인상을 주었었다. 그러나 두 후보는 밤잠을 설치면서까지 고뇌하면서 해법을 찾아냈다. 이후보는 경선 자체가 파탄으로 치달을 수 있는 상황에서 자신을 던지는 결단을 내렸고, 박후보 역시 이후보의 희생적 양보에 환영의 뜻을 밝혀 왔다.

이제부터 두 후보는 각자의 승리를 위하여 치열한 노력을 기울일 필요가 있다. 그러나 결코 잊지 말아야 할 것은 국민들 앞에서 끝까지 아름답게 비쳐질 수 있도록 선의의 경쟁을 하라는 것이다. 상대방의 존재를 인식하고 인정해주는 마음을 가지고 있는 한, 한나라당의 경선은 성공할 가능성이 매우 높다.

두 후보 모두 자신의 승리만을 맹신하지 말고, 상대 후보가 승리할 수 있다는 사실도 미리 염두에 둘 필요가 있다. 자신의 집권욕에만 사로잡혀서 상대 후보를 비방하지 말고, 권력이 가는 곳마다 줄서기를 일삼는 자들의 교언영색巧言令色에 빠져서 근간을 뒤흔들고 대세를 그르치는 일이 없어야 한다.

두 후보는 이번 경선 과정에서 국민들에게 국정비전과 정치력을 유감없이 펼쳐보여 줄 것을 당부한다. 그리고 승자는 상대진영의 인재풀을 과감하게 받아들이는 포용력을 발휘해야 한다. 무한경쟁의 국제사회에서 우리나라를 지켜낼 수 있는 지혜를 찾아내야 하기 때문이고, 차별이 없어야 진정한 통합이 가능하기 때문이다. (2007.05.14)

보복폭행의 시대

언론에 대한 노무현 대통령의 한이 폭발한 것 같다. 그가 주재한 5월 22일 국무회의에서 행정부처의 브리핑실 및 기자실 통폐합안이 가결되었다. 행정부처의 기자실 37개소를 3개소로 줄이고 행정청의 기자 출입을 통제하는 것이 주요 골자이다. 청와대는 '취재지원 시스템 선진화 방안'이라고 했지만, 독재국가에서나 볼 수 있는 언론탄압이라는 것이 세간의 반응이다.

정치권과 언론계의 반발이 심각한 수준에 달하자 국정홍보처는 5월 25일 '청와대 브리핑'을 통하여 '기자실에 대한 오해와 진실'이라는 글을 발표하면서, 자신들이 마치 나치제국의 괴벨스나 5공화국의 허문도 전 장관처럼 회자되는 것에 불편한 심기를 드러내었다. 그러면서 참여정부 난제 중의 하나인 언론문제를 다음 정권에 넘기지 않기 위한 조치였다고 변명하였다.

정부의 기자실 통폐합 방안이 발표되자 언론계, 학계, 정치권 등 전방위에서 언론의 자유와 국민의 알 권리를 심각하게 훼손하는 초법적 조치라고 성토하고 나섰다. 심지어 친노계열의 언론조차도 비판의 대열에 가세하였다. 벌집 쑤시기에 일단 성공한 것이다.

언론계는 대체적으로 노대통령의 이번 조치가 언론과의 전면전을 선포한 것으로 받아들이는 분위기인 것 같다. 언론계와 긴밀한 관계를 유지하고 있는 각 정당들 역시 이번 조치에 대하여 비상식적이고, 사전 논의 등 절차상의 상호소통을 무시하였으며, 심지어 위헌적이라고 비난하는 등 전체적으로 부정적인 반응을 보이고 있다. 시민단체 역시 부정적이었으며, 이석연 변호사 등 일부 인사들은 위헌심판을 청구할 태세를 보이기도 했다.

2002년 대선 시기에 노무현 후보의 언론특보를 담당했던 유종필 민주당 대변인은 이번 기자실 개편안이 "언론에 대한 노대통령의 과도한 피해의식의 발로이자 언론에 대한 보복폭행"이라고 단정했다. 노대통령은 자기만의 언론을 가지고 싶어 했다는 것이다. 실제로 청와대는 지금 청와대브리핑www.president.go.kr, 한국정책방송KTV 등 다양한 매체를 가지고 있다.

인구에 회자되는 '보복폭행', 이것이야말로 지금 우리 시대의 화두이다. 노무현 정권의 임기 말 위기를 덮어준 것은 바로 김승연 한화그룹 회장의 보복폭행사건이었다. 그 후폭풍이 지금 경찰수뇌부를 강타하고 있다. 외압 스캔들로 인하여 서울경찰청장이 사퇴하였고, 경찰청장에 대한 사퇴압력도 갈수록 높아지고 있다.

그런데 이 사건을 결정적으로 드러나게 한 것은 바로 청와대였다. KBS 토론회에서 한 토론자는 김재인 수석이 경찰청에 철저수사를 지시했다고 밝혔다. 우리는 청와대의 수사개입이 이처럼 정의의 차원에서 이루어진다면 적극 환영할 수 있다.

그러나 김승연회장 보복폭행 사건에만 외압이 있었던 것일까? 대선비자금 10% 사건에도 외압이 있었다지 않는가? 그렇다면 왜 김재인 수석은 검찰청에 전화를 걸어서 철저수사를 명하지 않는 것일까? 어쩌면 이것이야말로 참여정부가 말하는 도덕성의 한계이자 자체모순일지도 모른다.

지근거리에서 지켜본 유종필 대변인의 지적이 틀렸다고 생각하지 않는다. 노대통령이 언론에 대해서 피해의식을 가지고 있었고, 언론의 지배구조를 바꾸기 위하여 안간힘을 썼던 것도 사실이다. 그래서 이번 조치가 언론에 대한 보복폭행일 개연성은 매우 높다. 그것이 사실이라면 노대통령은 위헌적 행위를 한 것이 아닐까? (2007.05.26)

한반도 대운하 논란

지난 5월 29일 광주 정책토론회에서 이명박 후보의 핵심공약이었던 한반도 대운하가 집중 부각된 이후, 반대토론자인 박근혜 측은 물론이고 범여권조차도 비판의 각을 세우고 있는데다 노무현대통령마저 이명박 죽이기에 가세함으로써 새로운 국면을 맞고 있다.

대운하 공약 비판은 호남권에서조차도 지지층이 확산되고 있는 이후보에 대한 정치적인 견제책으로 활용되는 것 같다. 특히 노대통령이 6월 2일 참여정치평가포럼 월례 강연회에서 "제 정신 가진 사람이 대운하에 투자하겠느냐"고 발언한 정치적 배경에 관심이 쏠리고 있다.

노대통령이 이후보의 핵심공약을 직접 겨냥한 것은 그 동안 손학규, 고건, 정운찬 등 범여권 선호주자들에 대하여 실질적으로 거부권을 행사해왔던 것과는 다른 관점에서 보아야 할 것이다. 노대통령 스스로 자신의 최대 업적으로 생각하고 있는 지방균형 발전이 한반도운하 구상으로 무력화될 수 있다는 조바심 때문인 것으로 분석된다.

노대통령은 자신의 지방균형 발전정책을 차기 정부에서 계속 추진할 수밖에 없도록 환경을 만들어가고 있지만, 대운하공약이 실현될 경우에는 그 틀이 전혀 달라질 수밖에 없을 것이다. 그리고 노대통령의 이 같은 대선 개입이 이후보에 대한 지지확산을 촉발할 것이라는 관측도 나온다.

5월 29일 광주 정책토론회에서 이후보는 자신의 핵심공약에 대한 질의응답 과정에서 다소 불안정한 모습을 보였던 것이 사실이다. 그러나 박근혜 후보측이 제기한 환경재해 및 식수 오염 등의 우려는 사실과 다른 것으로 확인되고 있다.

박후보는 운하건설이 대규모 자연재해를 부를 것이라고 경고하였다. 그러나 우리나라는 자연상태에서도 해마다 대형 재해로 인하여 골머리를 앓고 있다. 운하건설은 오히려 해마다 반복되는 수해를 근본적으로 예방할 수 있다. 박후보가 선정적인 언사로 운하건설이 환경 파괴적이라는 주장한 사실들은 보다 분명하게 규명되어야 할 것이다.

또한 반대자들은 선박이 좌초할 경우 3천만의 식수가 오염될 것이라고 호들갑을 떨었다. 물론 이러한 우려에 대해서도 근본적으로 성찰해 볼 필요는 있다. 울산대 환경공학부 이병호 교수는 운하건설시 대형 파이프를 설치하여 충주댐 등에서 대구, 경남, 부산 전 지역에 맑은 물을 공급할 수 있으며, 울산의 주요 식수원 역시 운문댐으로 재편할 수 있다고 보았다.

경부구간의 540km 중 93%는 자연하천이다. 따라서 7%에 해당되는 40km만 연결하면 된다. 반대론자는 부산에서 서울까지

자동차로 4시간이면 갈 수 있고, 부산에서 인천까지 배로 61.5시간이면 갈 수 있기 때문에, 30시간이나 걸리는 내륙운하가 불필요하다고 주장한다. 그러나 운하는 하구연안에서는 5000톤, 전 구간에서 2500톤의 화물을 한 번에 운반할 수 있고, 대구와 같은 내륙도시에도 직접 운송할 수 있는 장점이 있다.

독일, 네덜란드, 영국 등 유럽의 국가들은 운하를 적극 활용하고 있으며, 운하가 일반 도로보다 친환경적이라는 것은 상식에 속한다. 이 경우에 문제가 되는 40km의 산악구간이다. 이 부분을 꼭 연결해야 할 필요가 있는지, 경제성이 있는지에 대해서도 세밀한 분석이 필요하다.

이명박 후보는 서울시장 재직시 교통시스템 정비, 청계천 사업, 예산절감 등 상식을 뛰어넘는 발상으로 우리 국민들에게 신선한 충격을 준 바 있다. 한반도 대운하 공약 역시 그런 관점에서 접근해야 할 것이다.

당파적 이해관계를 떠나서 운하라는 새로운 교통수단을 확보하는 것이 우리의 삶에 어떤 변화를 가져다 줄 것인지를 생각해 볼 필요가 있다. (2007.06.03)

헌법을 비하하는 대통령

노무현 대통령은 2004년 총선에 이어 2007년 대선을 앞두고 선거관리위원회로부터 위법 사실을 통보받았다. 대부분의 정치권에서는 선관위의 판단을 존중해야 한다는 분위기이다. 그러나 청와대는 선관위의 결정에 반발하는 논평을 내보냈다. 헌법을 유린하더니 이제는 헌법기관까지 불신하겠다는 것이다. 대한민국 헌법이 없으면 노무현 대통령도 없다.

정치권에서는 노대통령의 위법행위를 봉합하려는 듯하다. 그러나 우리는 선관위의 애매한 판단이 오히려 노대통령의 일탈된 행동을 부추기는 측면이 있다는 사실을 지적하고자 한다. 그것은 2004년이나 지금이나 마찬가지이다. 노대통령이 2007년 대선 예비후보자들을 분명한 어조로 비토해온 것은 국민 모두가 아는 사실이며, 이는 명백한 사전선거운동이다.

특히 이번에는 경선 중에 있는 한나라당의 두 후보에 대하여 당락에 영향을 끼칠 수 있는 발언을 했던 것이 사실이다. 노대통령이 반대하는 후보자들에게 상처를 주는 것은 그가 선호하는 후보자들에게 이익을 가져다주는 행위임에 분명하다. 그런 계산

속에서 노대통령의 지지자들이 열광했던 것도 사실이다. 그럼에도 불구하고 선관위가 그러한 행위를 사전선거운동으로 판정하지 않은 것은 고도의 정치적 계산이었던 것으로 보인다.

선관위는 노대통령에게 또 다시 면죄부를 줌으로써 자신들의 법적 위상을 추락시켰다. 언론보도에 의하면 노대통령이 선거법 제60조, 제254조 제2항이 정한 사전선거운동 금지 조항도 위반했다고 보는 의견이 중론이었다고 한다. 선관위원 7명 중에 4명은 '위반'으로 판정하였고, 3명은 위반이 아닌 것으로 판정했다고 한다. 그리고 이 때 고현철 선관위원장이 표결에 참여하여 가부동수 부결됨으로써 가까스로 처벌만은 피할 수 있었다고 한다. 이러한 판결 과정이 우리에게 전해주는 메시지는 분명하다.

비록 결과가 뒤집히기는 했으나, 다수의 선관위원들이 노대통령의 한나라당 후보 비난 발언을 사전선거운동에 해당하는 것으로 판정하였다. 이것을 뒤집은 선관위원장의 개입은 지나칠 정도로 정치적이었다. 결국 그러한 판단이 헌법기관으로서의 선관위의 법적 지위를 위태롭게 하고, 오히려 청와대의 반발만 부추기는 결과를 초래하였다.

다행스럽게도 노대통령이 공직선거법상 공무원의 선거 중립의무를 명시한 9조를 위반했다고 보는 견해는 압도적이었다. 우리나라처럼 국가권력이 대통령에게 집중된 국가체제에서 선거법이 정한 공무원의 중립의무 조항까지 무시된다면 치명적인 사태를 유발할 수 있다. 단임제 정신도 선거법상 중립의무와 긴밀한 관계가 있다.

그러나 노대통령은 이러한 사실들을 애써 무시하고 선관위와 헌법재판소의 선거법 위반 판정을 무력화시킬 비책을 찾으려고 고심하는 것 같다. 노대통령의 지위와 권한은 헌법으로부터 나온다. 그런데 그는 대한민국 헌법을 유린하고 있다. “그놈의 헌법”이라고 비하하기조차 했던 것이다. 그런 그가 헌법소원이나 권한쟁의심판을 검토하고 있다고 한다.

이 두 가지 모두 헌법재판소 관할이다. 노대통령 자신이 헌법과 헌법기관을 무시하면서 헌법재판소에 자신의 억울함을 호소하겠다는 것은 비웃음거리밖에 되지 않을 것이다. 지금 노대통령의 지지자는 극소수에 지나지 않는다. 그 많던 당원들도 뿔뿔이 흩어져 갔다. 노대통령을 이 나라의 대통령으로 만들어주는 것은 헌법밖에 없다. 노대통령은 헌법과 헌법기관을 매도함으로써 자신의 존재근거를 부정하지 말아야 할 것이다. (2007.06.08)

이명박 죽이기 프로젝트인가?

노무현 대통령은 범여권의 강력한 대선후보주자였던 고건, 정운찬, 김근태에 이어서 손학규 전 경기지사에 대해서도 명백한 거부의사를 밝혔다. 그리고 이미 한나라당의 유력한 대선주자인 이명박 전 서울시장과 박근혜 전 대표에 대해서도 거부의사를 밝혔다. 지금 노대통령은 차기 대통령을 직접 지명하고 싶다는 것인가!

선관위의 중립의무 위반 판정에도 불구하고 노대통령은 선거정국에 강력한 영향력을 행사하겠다는 의지를 보다 더 선명하게 밝혔다. 그는 열린우리당의 후보를 지지하겠으며, 열린우리당 후보가 다른 후보와 통합할 경우에 계속해서 통합 후보를 지지하겠다고 선언하였다.

노대통령 개인이 누구를 지지하든 그것이 큰 문제가 될 수는 없다. 그러나 국민들의 눈 앞에서 벌어지는 상황은 그렇게 단순한 것이 아니다. 국민들이 선택하기도 전에 노대통령이 '누구는 된다, 누구는 안 된다'고 잘라버림으로써 사실상 국민의 선택권을 침해하고 있기 때문이다. 이런 중차대한 사안을 선관위는 애써 모른 체 하고 있다.

지금의 선거판은 전두환 대통령 시절의 체육관 선거보다 더 저질로 흐르고 있다. 최근 노대통령의 대선 관련 발언을 보면 그가 차기 대통령을 지명하고 싶어하는 것이 아닌가라는 의구심을 갖게 하기에 충분할 정도이다.

더 재미있는 것은 노대통령은 자유자재로 선거정국을 주무르면서도, 자신에게 항의하는 한나라당의 이명박 후보를 명예훼손으로 형사 고발하겠다고 겁주고 있다는 것이다. 참으로 격에 맞지 않는 일이다. 대통령 선거전에서 현직 대통령이 자신의 마음에 들지 않는 발언을 한 후보를 법정에 세우겠다는 발상은 정상적인 것이 아니다.

한덕수 국무총리는 주요 대선주자들의 공약사항을 분석하고 검토하겠다는 발언과 함께 이명박 후보의 한반도 대운하 공약이 비현실적인 것처럼 발표하였다. 사실상 수자원공사 등 정부 관련 기관에서는 대운하 공약을 무력하게 하는 보고서를 제출한 바 있다.

임시국회 대정부질문에서는 열린우리당 박영선 의원과 송영길 의원이 이 전 시장의 'BBK 연루 의혹'을 제기한 후, 주가조작 의혹을 규명한다는 명분을 내세워 국정조사를 요구하였다. 그것만이 아니다. 친노親盧 대선주자로 분류되는 김혁규 의원마저 이 전 시장 부인의 '강남 위장 전입 의혹'을 제기하였다. 그리고 결정적으로 열린우리당 장영달 원내대표는 이명박 전 서울시장과 박근혜 전 대표가 "음침한 지난 날"에 행한 중요한 자료들을 갖고 있다고 발표했다.

노대통령으로부터 시작된 이명박 죽이기가 한덕수 국무총리와 열린우리당의 박영선, 송영길 의원, 그리고 김혁규 예비후보를 거쳐서 장영달 원내대표에게까지 이르게 된 것이다. 어느 국민이 이것을 우연이라고 생각하겠는가? 그래서 이명박 전 시장 측은 "청와대 지시에 의해 국가기관이 총동원된 정권 차원의 정치공작"일 수 있다는 의혹을 내비쳤을 것이다. 그런데 청와대는 이 전 시장이 사과하지 않으면 법적 대응을 하겠다고 으름장을 놓고 있는 것이다.

이명박과 박근혜 두 후보에 대한 자료가 있으면 검증을 받게 하면 될 것이고, 그런 연후에는 국민들이 직접 선택할 수 있게 해야 한다. 정부와 여권이 두 후보를 내몰아 법정에 세우겠다는 발상은 책략의 차원을 넘어서는 일이다. 권력이 사적으로 사용되는 일은 없어야 한다. 그리고 최고권력자가 차기 대통령을 지명하고자 해서도 안 될 것이다.

(2007.06.15)

청와대의 정신 분열에 대하여

선관위로부터 공무원 선거중립 의무 위반 판정을 받은 노무현 대통령이 결국 사고를 치고 말았다. 국민 모두에게 보장된 정치적 표현의 자유가 선관위에 의하여 침해당했다는 이유로 헌법소원을 제기한 것이다. 그것도 대통령 노무현이 아니라 자연인 노무현 자격으로 소송을 제기했다는 것이다. 이런 사실에서 우리는 청와대의 정신 분열 현상과 마주치게 된다.

노대통령과 문재인 수석의 발언은 법철학의 기본 상식마저 일탈하고 있다. 선관위의 위법 경고 앞에서 노대통령이 정치적 자유 운운하는 것은 헌법과 법률을 준수해야 할 대통령으로서의 일차적 책무를 망각한 소치인 동시에 아나키스트의 발상에 지나지 않는다. 우리는 노대통령과 청와대 보좌진들이 정신 분열의 단계에까지 이르렀다는 점에서 앞으로의 국정을 계속해서 관장할 수 있을지 우려하지 않을 수 없다.

그렇다면 노대통령과 그 참모들은 무엇을 잘못 생각하고 있는가? 신성한 직무 수행과 정치적 사술 중에서 후자를 선택했다는 것이다.

우리나라 헌법은 국민의 기본권을 명시하고 있다. 물론 신체상의 자유, 표현의 자유, 거주이전의 자유 등, 국가조차도 간섭할 수 없는 기본권이 있다. 그러나 이러한 기본권 역시 무제한적으로, 무조건적으로 향유할 수 있는 것이 아니다. 헌법에 보장된 기본권은 타인에게 손해를 끼치지 않는 범위 안에서만 제한적으로 존중될 수 있는 것이다.

어느 한 사람만의 기본권을 무한대로 인정할 경우에 다른 사람들과 이익 갈등을 초래할 수 있으며, 때로는 사회혼란과 국가 분쟁까지도 야기할 수 있다. 그래서 국민의 기본권 역시 국가의 법체계 안에서 통제되어야 마땅하다.

노대통령이 주장하는 것처럼 대통령의 정치적 자유 역시 무제한적이고, 무제약적인 것이 아니다. 국가의 최고 권력은 철저하게 통제되어야 한다. 대통령의 정치적 자유는 선거중립 의무 준수를 규정한 선거법에 의하여 한정될 수 있다. 특별법이 일반법에 우선한다는 것 역시 법철학의 기본 상식에 속한다.

5년 단임 대통령제라는 우리나라의 정부 형태, 그리고 공무원의 선거중립 의무 조항 등은 국민들의 의지가 반영된 입법 사항이다. 그런데 노대통령은 그런 선거법 규정은 세계 어느 선진국에서도 찾아볼 수 없으며, 따라서 후진국의 제도라고 공개적으로 항변하고 있다. 자신이 후진국 대통령이라는 사실을 천명한 것이다. 이는 국가모독죄에 해당될 수도 있다. 여기에서 노대통령이 먼저 알아야 할 것이 있다. 우리나라의 법률이 후진적인 것이 아니라 헌법과 법률을 제멋대로 해석해서 분란을 조장하는 노대통령이 후진국형이라는 것이다.

노대통령과 그의 측근들은 공인, 즉 대통령으로서의 노무현과 개인, 즉 자연인으로서의 노무현의 차이도 구분하지 못하고 있다. 선거법 위반은 대통령으로서의 노무현이 범한 것이다. 우리나라 헌법 에서는 임기 중 대통령의 개인 지위가 원천적으로 봉쇄되어 있다. 대통령은 임기 중 형사소추의 대상이 될 수 없다는 사실이 그 명백한 반증이다.

이런 사실들을 변호사 출신인 노대통령과 문재인 수석이 모르지는 않을 것이다. 알면서도 행했다면 대선 정국에서 영향력을 잃지 않으려는 정치적 흑심 때문일 것이다. 이 점에서 청와대의 정신 분열은 의도적인 것이며, 죄질이 매우 나쁘다고 할 수 있다. (2007.06.22)

면도칼의 정치

얼마 전에 정국에 대하여 걱정하던 중 울산의 한 유명 변호사로부터 노대통령의 면도칼 이야기를 들었다. 노대통령이 후보시절에 쓴 "여보, 나좀 도와줘"라는 책에서 초등학교 시절, 체육시간에 당번을 하면서 부잣집 아이들의 고무 가방을 면도칼로 찢어 버렸다고 스스로 밝혔다는 것이다.

그 때만 해도 설마 그렇게까지 했을까 하는 심정으로 지나치고 말았다. 얼마 후에 양상훈씨는 그 면도칼의 존재 사실을 직접 확인시켜 주었다. 지금까지 수수께끼와 같았던 파행정치의 '붉은 실'이 드러난 셈이다.

대선정국에 그 면도칼이 사용된 것은 주지의 사실이다. 고건, 정운찬, 김근태까지 일시에 잘려나갔다. 심지어 한나라당의 두 후보까지도 단칼에 그어버렸다. 선관위 역시 그 시퍼런 서슬에 산송장이 되고 말았다. 그리고 친노계열의 대선주자들이 위태를 뽐내며 들어서고 있다.

잘 나가던 주식시장도 잘려나가고 말았다. 개인 투자자들의 자금 출처를 조사하라는 노대통령의 칼 같은 말 한 마디에 주가

폭락 사태가 빚어졌다. 뒤늦게 주식에 뛰어든 소시민들만 막대한 손해를 보고 말았다.

그뿐만이 아니다. 6월 26일에는 152개 대학의 총·학장을 불러다 놓고서 "집단 이기주의를 버리라"고 호통을 쳤다. 그러면서 2009년 입시부터 기회균등 입학정원을 현행 3.9%에서 11%, 즉 6만4000명으로 늘리겠다고 일방적으로 통보했다. 언론들은 대통령이 총장들을 마치 초등학생에게 훈계하듯 꾸짖고 을러댔다고 썼다.

내친김에 국회까지 손을 댔다. 헌법이 정한 대통령의 고유권한인 국회연설을 수락하지 않았다는 이유를 들어서 대 국민 담화를 발표한 것이다. 152명의 총장을 야단친 그 다음날에 일어난 사건이다. 그러나 국민들은 노대통령의 이 돌출행동을 한나라당과 국회에 대한 분풀이 정도로 밖에 보지 않았다.

면도칼은 민주주의의 상징이 될 수 없다. 토론을 하자고 해 놓고서 자신의 입장만 강요하는 것이 참여정부의 모토일 수는 없다. 토론을 좋아하는 노대통령의 독설에 많은 국민들이 생명을 잃었고 마음을 다쳤다. 그는 언론이 자신을 독재자라고 쓰고 있다고 불쾌하게 여겼다. 박정희 대통령이나 전두환 대통령만이 독재자인 것은 아니다. 총칼이 아닌 독설로도 얼마든지 사람들을 죽일 수 있기 때문이다.

면도칼을 든 괴한에게 습격을 당했던 박근혜 후보는 누구보다도 그 섬뜩한 느낌을 잘 알고 있을 것이다. 그 역시 노대통령에게 '독재자의 딸'이라는 독설을 듣기도 했다. 그런데 바로 그런 박후보가 한때 유능한 CEO였고 서울시장직을 성공적으로 수행했던 상대후보를 파렴치범으로 내몰고 있는 것은 분명 하나의 역설이다.

박후보 역시 상대 후보에게 면도칼의 섬뜻한 맛을 보여주고 싶을 것이다. 그러나 박후보가 분명하게 알아야 할 것이 있다. 상대후보는 한 기업의 CEO에 불과했지만, 박후보 그 자신은 18년 동안의 독재정치에 수없이 죽어나갔던 역사적 현장의 중심에서 있었다는 사실 말이다.

박후보가 이후보를 면도칼로 긋고 있는 바로 그 순간에도 박후보를 한 번에 그어버릴 수 있는 면도칼이 준비되고 있다. 그래서 아예 공공연하게 말하고 있지 않은가. 박후보쯤은 한 칼에 보낼 수 있다고. 이쯤해서 면도칼의 정치는 그만 접어야 하지 않을까? 모름지기 뜻있는 지도자라면 지혜와 덕을 보여 주여야 할 것이다. (2007.06.28)

한나라당 경선 후보 검증방식

한나라당의 대선 후보들에 대한 검증이 과열되면서 국민들의 판단과 선택을 어렵게 하고 있다. 대선캠프 관련자들이 상대후보의 약점이라고 생각되는 부분들에 대하여 무차별 공세를 가함으로써 사실상 한나라당의 검증위원회가 무력하게 되었으며, 온갖 억측만이 난무하고 있기 때문이다.

아직 후보조차도 정하지 못한 범여권이 한나라당의 유력 후보들을 흠집내기 위하여 온갖 의혹을 무차별적으로 제기하고, 언론 역시 이를 대서특필함으로써 국민들은 사실과 소문 사이에서 혼란스러워 하고 있다.

특히 일부 후보에게 집중되고 있는 부동산 투기 의혹은 성공한 기업가라는 그의 과거 활동 경력이나 부동산 관련 사업에 몸담고 있는 그의 친인척에 대한 정황을 무시한 채 제기되고 있어서 마녀사냥식 여론몰이라는 항변에 직면하고 있다.

대선후보에 대한 검증은 당사자들이 살아온 과거 경력과 재산상태 등을 면밀히 조사, 확인하여 후보로서의 자격을 갖추고 있는가를 점검하는 것이다. 그러나 현재 한나라당의 경선 과정에서 보여주는 검증방식은 상대후보의 약점을 공개적으로 비판하여 자신의 지지율을 높이자는데 그 목적이 있는 것처럼 보인다.

검증공방을 통하여 지지율 변화를 시도하는 점에서 우리는 한나라당의 경선 과정이 네거티브에 기울어져 있다고 단정적으로 말할 수 있다. 자신의 개인적 자질과 정책으로 승리할 수 있다고 믿는 경쟁력 있는 후보라면 굳이 검증이라는 이유를 내세워 상대후보를 비방할 필요가 없기 때문이다.

그런 여유와 자신감이 없는 후보는 상대후보를 깎아내려서 자신의 지지율을 올리려는 얕은 계산을 할 수밖에 없다. 한나라당의 경선 과정이 이처럼 혼탁하고 무질서하게 비쳐지는 것은 바로 후보자들이 그런 얕은 계산을 하고 있기 때문이다.

그러나 이 자리에서 분명하게 해 둘 필요가 있다. 현재 부동산 투기의혹에 집중적으로 노출되어 있는 이후보의 경우에 지금까지 제기된 사실들은 아직 확정적인 것이 아니라는 점이다. 일부 후보캠프와 언론에서 제기하고 있는 의혹들 대부분이 이후보 개인의 부동산이 아니라 그의 처남 김재정씨나 그의 형 이상득 국회부의장의 재산들이며, 그러한 재산이 이후보의 차명자산일 것이라는 막연한 추정에 근거하고 있기 때문이다.

그것이 설사 이후보의 차명자산이라고 하더라도 이미 공개적으로 지적된 만큼 현행법상 그것은 더 이상 이후보의 재산일 수 없다. 더구나 특정인이 부동산을 과다하게 소유했다는 사실만으로 문제삼을 수는 없다. 그것이 질시의 대상일 수는 있어도 불법은 아니기 때문이다. 따라서 이후보를 공격하고자 했다면 오히려 부동산 취득 과정에서의 부정이나 세금탈루 등 명백한 불법 사실을 구체적으로 적시했어야 했다.

서초동 법조타운의 고도제한 완화조치 역시 일부 언론에서 제기한 것처럼 단순하게 특혜라고 단정하는 것도 무리인 것 같다. 80년대부터 누적된 민원사항으로서 감사원과 국민고충처리위원회의 적극적인 의견 개진이 있었던 사항이기 때문이다.

한나라당의 경선이 근거 없는 비방과 흑색선전으로 얼룩진다면 곧바로 국민들의 마음이 떠나고 말 것이다. 후보들의 검증은 검증위원회에 맡기고, 각자의 후보들은 학식과 덕망, 그리고 정책적 우위를 견주려고 해야 할 것이다.

(2007.07.03)

울산문화연대 운동에 대하여

1991년에 제25회 울산공업축제가 처용문화제로 바뀌면서부터 울산시민들은 심각할 정도의 정체성 위기에 빠지게 되었다. 1967년에 처음 시작된 울산공업축제는 그야말로 조국근대화의 첨병 도시로서 오늘의 산업수도 울산을 일구어내는데 중요한 정신문화적 바탕이었다. 그 흐름이 지난 17년 동안 왜곡된 것이다.

그 동안 처용문화제는 여러 가지 관점에서 비판을 받아왔다. 처용설화가 울산시민의 가치의식을 대표할 수 있는가에 대한 시비로부터, 문화제 행사 내용이 처용설화와 무관하게 잡화점식으로 치러진다는 비판에 이르기까지, 처용문화제는 그 존립이 위태로울 정도의 숱한 위기를 헤치면서, 오는 10월에 제41회 행사를 준비하고 있다.

2007년은 울산광역시의 승격 10주년에 해당된다. 언론에서도 이에 발맞추어 여러 관점에서 울산시의 미래 비전을 기획 보도하고 있다. 그러나 가장 중요한 울산시민들의 가치정체성에 대해서는 일언반구도 없으며, 문화행사의 타당성에 대한 반성적 접근 노력도 전혀 감지되고 있지 않다. 근본적인 이유는 문화복지 분야에 대한 전문적인 시민단체가 없어서 울산시민들의 가치 정체성을 규정하는 축제행사들에 대한 기본적인 모니터링조차 이루어지지 않았기 때문이다.

울산광역시는 산업수도의 위상에 걸맞는 문화적 위상을 확보할 필요가 있다. 아름다운 자연경관과 선사이래의 문화유산, 그리고 그 터전 위에서 일구어낸 산업도시 울산의 위용을 한 데 포괄할 수 있는 가치의 틀을 찾아야 한다. 반구대 암각화에서 동해의 고래와 세계로 뻗어나가는 울산의 선진산업을 단박에 드러낼 수 있는 울산 특유의 도시브랜드를 찾아야 한다. 이를 위한 첫 번째 과제가 바로 처용문화제의 명칭 변경일 것이다.

울산문화연대의 창립 소식이 전해지자 박종해 처용문화제추진위원장은 처용설화의 관용정신을 강조하면서 이 운동 방향에 방어적 태도를 취하였다. 그러나 이는 자가당착이다. 박위원장은 작년 11월 30일에 열린 처용문화제 심포지엄에서 울산시민들이 모두 참여할 수 있는 시민축제를 만들기 위해서는 처용 관련 행사들을 별도의 축제로 분리할 필요가 있다는 취지의 발언을 하여, 200여명의 참석자들로부터 박수갈채를 받은 바 있기 때문이다.

처용문화제 추진위는 처용의 외피를 둘러씌운 채 이번 대회를 "월드 뮤직 페스티벌" 중심의 축제로 전환시켜 나가면서, 갑자기 20여개국의 외국대사들을 초청하여 국제행사로 치른다는 계획을 발표하였다. 울산시민들을 위한 처용문화제가 갑자기 외국대사들을 위한 행사로 둔갑한 것이다. 이 역시 울산시민들의 여론 수렴 없이 일방적으로 결정된 일이다. 울산시민의 축제가 아니라 그들만의 축제인 것이다.

이와 같은 편법적인 변화는 처용문화제 추진위원회 스스로 처용의 아이템이 울산시민이 보편적으로 추구할 가치지향에 부합되지 않는다는 사실을 인정하는 셈이다. 그러면서도 그들이 "월드 뮤직 페스티벌"로 축제명을 바꾸지 못하는 것은 기득권을 유지하기 어렵기 때문이다.

지금 새롭게 태동하는 울산문화연대 운동은 울산지역의 문화정책과 문화행사를 전반적으로 점검하여 건설적인 대안과 의견을 제시하는 시민단체로서의 역할을 수행해야 한다. 학계, 문화예술계, 법조계, 의료계, 종교계 등 시민사회에서 전문적 식견을 갖춘 인사들이 참여한 울산문화연대는 향후 울산의 문화예술운동의 정신적 지주인 동시에 감시자로서의 사명을 다 해야 할 것이다. (2007.07.14)

처용문화제의 종언

울산광역시 승격 10주년을 맞이하여 우리는 처용문화제가 울산시민들의 대표축제로서 적절한 가에 대하여 반성할 필요가 있다. 과거 권위주의 정권의 어떤 문화부 장관이 제안한 처용 컨셉이 울산시의 대표 브랜드가 된 지 벌써 17년이나 지났다.

처용문화제 당국자는 처용설화가 관용과 화합의 상징이라고 주장하고 있으며, 처용에 대하여 잘 알지 못하는 일부 시민들도 그 동안 해오던 것을 바꿀 필요가 있느냐고 반문한다.

그러나 처용문화제는 시초부터 적절성 논란에 휩싸여 왔으며, 갈수록 증폭되는 시민들의 불만을 잠재우지 못하였다. 많은 시민들은 "처용이 뭐예요?"라는 아이들의 질문에 당혹스러울 수밖에 없었다. 아이들까지 모두 참여하는 대표축제의 이름으로 처용문화제가 적절하지 않다는 것은 누구나 공감하는 바이다.

이런 사실을 알면서도 시민들은 처용문화제를 참고 지켜봐 왔다. 그러나 울산광역시의 미래 비전을 새롭게 구상해야 할 지금, 우리는 처용문화제가 울산시민들이 계속해서 추구해야 할 가치 지향으로서 적절한가를 고민하지 않을 수 없게 되었다.

우리는 부정적이고 일탈된 처용 이미지 대신에 보다 밝고 적극적인 이미지를 발굴할 필요가 있다. 처용설화보다는 반구대 암각화가 훨씬 더 본향적이고 미래지향적인 모티브가 될 수 있다. 암각화에 새겨진 고래는 울산사람들의 벗이자 신神이었으며, 현대중공업과 현대자동차와 SK석유화학처럼 세계를 향하여 웅비하는 글로벌 이미지를 갖고 있다.

울산은 충절과 애국지사로서 박제상, 김취려, 서인충, 이예, 박상진 등 걸출한 인물들을 배출하였으며, 최현배와 오영수 등 지명도 높은 국어학자와 시인의 고향이었다. 더구나 정주영과 신격호 같은 신화적인 기업가들의 활동무대이기도 하다. 이분들을 기념하는 것이 백 번 더 의미 있을 것이다.

처용문화제에 대하여 애착을 갖고 있는 일부 시민들도 있을 것이다. 그러나 처용문화제에 대하여 엄청난 부담감을 느끼고 살아온 시민들도 적지 않다는 사실도 인정해야 한다. 어차피 울산시의 대표축제가 시민들이 부담한 세금으로 운영된다면 시민 모두가 동참할 수 있는 새로운 이름을 찾는 것이 마땅한 일이다.

더구나 처용문화제의 폐지(개선) 주장은 처용문화제 외부에서만 진행된 것이 아니다. 처용문화제를 직접 관장하고 있는 처용문화제 준비위원회 역시 올해의 행사 방향을 월드 뮤직 페스티벌로 정하였다. 그리고 20여국의 외국대사들을 초청하겠다고 발표하였다. 사실상 껍데기만 처용이지 알맹이는 월드 뮤직으로 개편된 것이다.

우리가 처용문화제 위원회의 고민을 이해하지 못하는 것은 아니다. 다만 솔직하라는 이야기다. 지난 17년 동안 처용문화제는 대표축제로서의 기능을 다하지 못하였다. 그렇다면 공론화 과정을 통하여 축제 내용의 질적 개선을 추구하든지 새로운 축제로 전환하든지 양단 간에 결정을 내렸어야 옳았다. 월드 뮤직 페스티벌을 확대하는 방식으로 처용문화제의 종언을 고한 것은 바로 그들 자신이었다.

그러나 처용문화제를 월드 뮤직 페스티벌 중심으로 펼쳐갈 것인가의 문제 역시 시민들의 동의를 구해야 할 일이다. 따라서 처용문화제의 종언 이후에 울산의 도시브랜드로서 가장 적절한 축제명을 찾아나서야 할 것이다. (2007.07.21)

처용설화의 역사적 진실

울산시민들은 처용설화의 진실을 정확하게 알 필요가 있다. 울산의 대표축제가 처용문화제이기 때문이다. 처용문화제 추진위원회는 처용설화가 관용과 화합의 정신을 표방하고 있다고 주장한다. 그러나 이는 사실과 다르다. 이런 주장은 처용설화의 텍스트를 신중하게 읽지 못한 결과이며, 연관된 역사적 사실들을 간과함으로써 해석학적 오류를 범하고 있는 것이다.

처용설화에 대한 초기연구가들은 주로 조선 성종 때(1493년) 편찬된 악학궤범의 학연화대처용무합설鶴蓮花臺處容舞合設에 기대어 일연스님이 채록한 처용가를 해석하였다. 악학궤범의 처용가가 벽사진경을 주제로 하는 무가巫歌적 성격을 띠고 있으므로, 일연의 처용가에 대해서도 무속적, 민속학적으로 접근한 것이다. 그러나 악학궤범의 처용희處容戱는 조선 세종대왕에 의하여 개편되고, 세조 때 크게 수정된 것을 수록한 것이며, 원래 1인무였던 것이 5인무로 변형된 것이다.

일연스님은 1277년에서 1281년 사이에 운문사에 머무르면서 삼국유사를 집필하였는데, 이 때 그가 수록한 처용가는 이미 젊은 시절에 수집한 것이었다. 따라서 연대적으로 악학궤범의 처용희보다 약 250년 이상이나 앞선다.

삼국유사의 처용가에서 "본대 내해다마는 아사날 엇디하릿고"라고 주저하고 체념하는 부분이 악학궤범의 텍스트에서 삭제되면서, "이런저긔 처용處容아비옷 뵈시면 열병신熱病神이아 회膾ㅅ가시로다." 라는 벽사진경의 내용을 강화하고 있다. 물론 벽사진경의 신화는 일연스님 당시에도 일반화된 것이 사실이다. 그러나 일연스님은 처용설화가 벽사진경의 신화만으로 해석될 수 없다는 사실을 숨겨놓았다.

다른 한편 처용설화는 동해용왕의 조화를 거두기 위한 제의적 성격에 주목하여 망해사의 불사佛寺연기설화로 보기도 한다. 그러나 일연스님은 처용설화가 단지 사찰 건립 이야기에 국한되지 않는다는 사실도 은어의 형태로 숨겨놓았다.

무속적, 민속학적 해석에서는 '처용랑 망해사조'를 일연스님이 건국과 왕권을 다룬 기이紀異편에 수록한 의도를 간과하는 결정적 실수를 범하였다. 처용설화는 국가와 왕권에 관한 이야기이기 때문에 단순히 무속적인 벽사진경이나 불교적인 사찰건립의 이야기로만 해석해서는 안 되는 것이다.

일연스님은 이 텍스트에서 '신방사'新房寺와 '국종망'國終亡이라는 은어隱語를 사용하고 있다. 신방사는 삼국유사의 텍스트만으로는 해석되지 않는다. 삼국사기를 보면 헌강왕이 울산을 방문하면서 미인을 강탈하여 야합함으로써 아들을 낳고, 그것을 기념하기 위하여 절을 세웠다는 것을 알 수 있다. 그래서 신방사라는 이름이 나온 것이다.

다른 한편 신라왕실의 멸망을 예고하는 '국종망'이라는 은어는 참언적 성격을 띠고 있으며, 일연스님은 그 원인이 탐락자심耽樂滋甚에 있다고 단정한다. 이민수는 '탐락'을 '주색'酒色으로 해석한다. 처용설화는 헌강왕의 마복자(서자 요)가 제52대 효공왕으로 즉위한 사건을 다루고 있으며, 헌강왕에서 경순왕에 이르기까지 신라왕실의 방탕을 보여주고 있다. 특히 왕권이 김씨에서 박씨로 옮겨가면서 제53대 왕으로 등극한 신덕왕의 아버지가 역사서에 예겸과 문원 두 사람으로 나타나 있는 것은 처용과 역신의 사건이 역사적 사실이라는 것을 추정할 수 있게 한다.

처용설화는 신라왕실의 골품제가 국가멸망의 원인이고 관용과 화합보다는 음험과 야합의 성격이 더 강하다는 점을 보여주고 있다. 따라서 처용문화제는 울산의 대표축제 이름으로 적절하지 않다. (2007.08.04)

어떤 축제이름이 뜨고 있는가?

지금 울산에서는 처용문화제 이후에 어떤 축제가 가장 좋은가를 놓고서 설왕설래하고 있다. 박종해 추진위원장이 지난 해 11월에 있었던 처용문화제 심포지엄에서 처용 관련 행사를 별도로 분리하는 방안을 약 200여 명의 관계 당사자들 앞에서 천명한데다가, 주최 측의 발제자였던 홍승찬 교수가 처용문화제를 점진적으로 축소하되 월드 뮤직 페스티벌을 확대 개편하라고 주문하자, 추진위가 이를 전격 수용하여 금년의 주요행사로 채택함으로써 사실상 처용문화제는 이번 해가 마지막 행사가 될 가능성이 높아졌기 때문이다.

울산문화연대, 포럼 메소테스(박사그룹), 울산기윤실, YWCA, YMCA 등이 주축이 되는 처용문화제 명칭폐지 운동은 사실상 처용문화제 추진위가 이미 천명하였던 방침을 앞당겨 실천하라는 압력에 지나지 않는다. 거기에다가 박종해 추진위원장이 처용설화와 관련된 학술적 주장을 자신이 속한 박씨문중의 명예와 연계시키면서 문제는 더 복잡하게 전개되고 있다.

그 동안 막연하게 외설적인 부분이 있다고 들었던 시민들은 처용문화제 논쟁이 박씨문중의 명예훼손 문제로까지 비화되자 그렇게 복잡한 컨셉을 울산시의 대표축제로 할 필요가 있는가라는 회의적인 반응을 보이고 있다. 시민들의 반응은 크게 두 가지인 것 같다. 하나는 처용문화제 추진위원장이라는 공직을 가진 분의 언사가 일관성이 없다는 것이고, 다른 하나는 공인으로서 가문의 명예보다 울산시민의 명예를 더 먼저 생각해야 하지 않았는가라는 점이다.

어찌되었던 간에 지금 울산 시민들은 일부 예술문화계 인사들이 "그들만의 잔치"로 치러왔던 처용문화제를 대신할만한 새로운 이름을 찾고 있는 중이다. 많은 분들이 지적하는 바는 대표축제가 울산의 특징을 단적으로 드러낼 수 있어야 한다는 것이다.

그래서 25년 전통의 울산공업축제를 부활시키되, 글로벌 시대에 걸맞은 산업축제로 확대 개편하자는 안이 가장 유력하게 거론되고 있다. 특히 공업축제 세대들의 관심은 유별나다. 축제명으로는 '월드 인더스티리얼 페스티벌' 정도로 생각할 수 있을 것이다. 태화강변을 중심으로 자동차 박람회, 레이저 빔 쇼, 모형선박 경기대회 등을 개최하고, 쇠부리 불매가 등 울산 특유의 문화행사를 곁들이는 방안이다. 이러한 발상은 울산공업축제의 전통 복원이라는 점에서 가장 큰 명분이 있을 뿐만 아니라 산업수도 울산의 정체성과도 부합된다는 사실에서 관심을 가질 필요가 있다.

다른 한 편에서는 해석상 논란이 그치지 않고 외설 시비 등으로 울산시민의 자긍심을 손상시키는 처용문화제보다는 충절의 표상인 박제상, 반구대 암각화와 고래 이미지 등을 축제 브랜드로 내세우는 것이 더 바람직하다는 의견을 내놓고 있다. 이러한 컨셉들은 모든 시민들이 기꺼이 받아들일 수 있는 점에서 처용 이미지보다는 백 번 낫다고 할 수 있다. 그러나 어느 것을 일방적으로 결정하기 보다는 글로벌 시대의 기준에 부합되고 울산시 대표축제의 새로운 지향가치로서 전 시민이 합의할 수 있는 몇 가지 컨셉을 상정하여, 축제전문가들로 하여금 가장 좋은 아이템을 확정하는 방식으로 접근하는 것이 바람직하다고 생각한다.

울산광역시 승격 10주년을 맞이하여 가장 우선적으로 해야 할 일은 바로 처용문화제의 명칭을 폐지하고 전 시민이 동참할 수 있는 새로운 축제아이템을 발굴하는 일이다. 가능한 한 빨리 이 문제를 해결하는 것이 울산시민의 단결과 화합을 위한 길이다. (2007.08.10)

학력사기와 지록위마指鹿爲馬

황우석교수의 줄기세포 조작 사건의 여파가 채 가시도 전에 일부 문화예술계 인사들의 학력 조작 사건이 터져 나왔다.

신정아 전 동국대 교수(?)의 사기극은 그 대담성이나 치밀함에서 가히 황우석 사태를 방불케 하는 한 편의 드라마였다. 그녀는 서울대 미대를 중퇴한 뒤 미국 캔자스대에 입학하여 학사와 경영학 석사를 마치고 예일대에서 박사학위를 받았다고 주장하였다. 동국대 교수임용 시에 예일대의 학위조회 사실까지를 감안하여 철저하게 준비한 사기극이었다. 그러나 서울대에는 입학한 사실조차 없었으며, 캔자스대 3학년 중퇴가 전부였던 것으로 드러났다. 미국 도피 중에 그녀가 보여준 태연함은 한니발의 속편을 예고하는 듯한 짜릿한 인상을 주었다.

허위 학력사실이 드러난 명지대 사회교육원 정덕희 교수는 자신이 학력을 의도적으로 위조한 적이 없으며, 방송에서 실제 학력을 밝힌 적도 있다고 해명하고 있다. 그러나 출판사 등에서 학력을 허위로 기재했다면 출판을 중지시키는 등 적극적인 조처를 취했어야 옳았다.

윤석화씨와 장미희씨 등 자신의 탤런트만으로 최고의 경지에 올랐던 연예계 인사들마저 학력을 속여왔다는 것은 이해할 수 없는 일이다. 윤석화씨의 경우에 그녀의 탈랜트는 이화여대의 재학 여부에 전혀 구애받지 않을 정도로 매우 탁월하였다. 학력을 속이지만 않았더라도 이화여대가 오히려 그녀의 명성을 인정하여 명예박사학위를 수여했을지도 모른다.

영화배우 장미희씨는 장충여고와 동국대 불교학과를 졸업한 후에 미국 호손Hawthorne대 교육학과를 졸업한 것으로 자신의 프로필을 소개해 왔지만, 서울 종로구 협성여상(전수학교)을 졸업한 것이 전부였다. 미국 호손대는 비인가 대학이기 때문에, 그녀가 1998년에 받은 명지대 교육대학원 중국어교육학 석사학위는 무효 처리될 것이다.

사실을 있는 그대로 인정하는 것은 신뢰사회를 구축하는 데 출발점이 된다. 최근 처용설화의 외설논란에 대하여 처용문화제 추진위원회 지도부는 필자가 괘변과 낭설을 퍼뜨린다고 매도한 바 있다. 그러나 처용가의 외설적 묘사를 외설이라고 주장하는데 어떻게 괘변이라고 하는지 이해할 수가 없다.

『사기史記』「이사열전李斯列傳」에 지록위마指鹿爲馬의 고사가 나온다. 진시황제가 죽은 후 환관 조고는 승상 이사와 내통하여 부소왕자를 제거하고 호해왕자를 황제로 옹립하여 권력을 장악한다. 간신 조고가 자신의 권세를 시험하기 위하여 황제에게 사슴을 바치면서, 말이라고 하였더니, 황제의 좌우 신하들도 사슴이 아니라 말이라고 하였다.

처용문화제 추진위 지도부의 행태는 간신 조고의 언사를 방불케 한다. 그들은 처용가의 외설을 외설이 아니라고 엄포를 놓는다. 그렇다고 말하면 궤변론자이고 사이비 교수라고 매도한다. 그러나 처용을 관용이라고 해석할 때, 대부분의 학자들이 처용을 무당으로 본다는 점도 울산시민들에게 사실대로 알려주었는지 의문이다. 그들의 주장대로라면 처용문화제는 무당축제이며, 그 축제에 울산광역시장과 시의회의장이 큰절을 올리게 하고 있는 것이다. (2007.08.18)

탈레반을 감동시킨 한국여성의 사랑

2007년 7월 19일 아프가니스탄 무장단체 탈레반이 한국인 23명을 납치한 사태가 발생하였다. 두 사람이 살해당하고 두 명의 여성이 풀려나 귀국하였다. 우리 정부가 남은 인질을 무사하게 귀환시킬 수 있는 외교력을 발휘할 수 있을지 시험대에 올라 있다. 우리 국민들뿐만 아니라 전 세계인이 주목하고 있다.

이와 같은 한계상황에서 우리 국민들은 단결해야 하고 정치지도자는 지혜를 발휘해야 한다. 그러나 사태발생 초기의 여론추이를 보면 납치된 사람들의 불행한 사태를 걱정하기 보다는 정부의 만류에도 불구하고 재난지역에 들어간 사람들에 대한 지탄이 압도적이었다. 테러사건에 대하여 정부가 선택할 수 있는 여지가 거의 없는 상태에서 일부 네티즌들의 공격적 언사는 가족들에게 더 큰 상처와 고통을 안겨 주었다.

테러의 시대에 살고 있으면서도 우리는 그 동안 이 부분에 대한 성찰을 게을리 하였다. 그래서 테러범행자들보다 오히려 피해자들을 질책하고 비난하는 댓글을 무수히 달았던 것도 사실이다. 그러나 테러는 어떤 경우에도 정당화될 수 없다는 사실에서 우리는 이러한 잘못된 반응을 삼가는 것이 마땅하다. 이 지구촌 어디에서도 테러범에게 납치당한 사람들을 비난하는 일은 없다.

아직 탈레반 무장세력의 수중에 있는 19명의 우리 국민들이 무사히 귀환될 수 있도록 우리 모두가 관심을 가져야 한다. 탈레반 무장세력이 포로들과 맞교환을 요구하고 있기 때문에 우리 정부가 해결할 수 있는 여지는 거의 없다. 아프카니스탄이나 미국 정부의 동의 없이 그 같은 일은 불가능하고, 미국 역시 자신들이 수립한 테러정책을 폐기할 수도 없을 것이다. 군사작전으로 인질을 구출하는 것 역시 너무나 위험하고 인질의 생존을 담보할 수 없다.

우리 정부 차원에서 할 수 있는 유일한 선택은 경제적 지원 정도가 전부일 것이다. 그러나 이 역시 공개적으로 천명할 수 있는 사안이 아니다. 그렇다고 해서 인질구출 노력을 포기해서는 안 된다. 우리 국민들의 생명과 복지를 보호 유지하는 것은 정부의 책무이다.

지난 8월 13일, 김경자 · 김지나씨가 석방되었다. 탈레반의 정치적 의도가 무엇이든지 간에 그들은 세계 여론 앞에서 부담감을 갖지 않을 수 없었을 것이다. 이 점에서 우리는 탈레반 무장세력에 대하여 인도적인 호소를 계속할 필요가 있다. 그들 역시 인간이며, 하느님을 섬기고 있는 사람들이고, 부모와 자식을 가지고 있기 때문이다.

우리가 호소할 수 있는 유일한 방법은 그들의 양심을 질책하는 것이다. 억류된 우리 인질들 가운데서 이지영씨가 아프카니스탄 현지 경험이 많다는 이유에서 석방 기회를 다른 사람에게 양보한 사실은 우리 모두의 눈시울 적시게 할 만큼 놀라운 위력을 발휘하였다. 그녀의 희생정신은 탈레반을 감동시켜서 가족에게 보내는 안부편지를 허용하도록 하였다는 것이다.

물론 이런 사실들 앞에서 우리가 낙관할 수 있는 형편은 아니다. 그러나 아무것도 할 수 없는 극한상황 속에서 자신에게 주어진 소중한 삶의 기회를 타인에게 양보하는 사랑이야말로 분명이 사태의 돌파구가 될 것이다. 우리가 할 수 있는 유일한 방안은 인도주의적 선처를 바라는 것뿐이다. (2007.08.24)

교육감의 자질에 대하여

12월 19일, 대통령 선거와 함께 울산에서는 처음으로 시민들이 직접 교육감을 선출하게 된다. 지난 10년 동안에 4명의 교육감이 거쳐갔으나, 4년 임기를 채운 교육감은 단 한 명뿐이었다.

그래서 이번 직선에서만큼은 울산교육의 새로운 미래를 열어갈 수 있는 인물을 뽑아야 한다는 여론이 분분하다. 그러나 직선제이기 때문에 좋은 재목을 선택하기가 더 어려울 것이라는 비관론도 만만치 않다.

교육감 선거에서 언제나 지적되는 사항은 만성적인 연고주의였다. 울산에서의 업무처리는 합리적인 방식이 아니라 연고주의적으로 이루어지는 경우가 대부분이다. 선거판에서도 연고주의가 결정적이다.

직선제의 경우 연고주의는 혈연, 학연, 지연 등의 차원을 넘어서서 정당과 종교 등의 영역으로 확대될 수 있다. 후보자가 어느 학교 출신인가는 이제 더 이상 결정력을 가질 수 없을 것이지만, 연고주의는 보다 광범위하게 작동될 것이 분명하다.

이번 직선제 교육감 선거에서 가장 큰 영향력은 정당이 행사할 것이다. 어차피 직선제이기 때문에 조직화된 세력이 개입하는 것은 피할 수 없는 현실이다. 교육감 직선제가 이미 교육감직을 정치적으로 자리매김한 것이기 때문에, 이것을 마냥 부정적으로 보고 회피할 이유도 없다.

지금 출사표를 던지려는 후보들의 면면을 살펴보더라도 이미 상당수는 특정 정당에 지지기반을 가지고 있다. 따라서 교육감 선거에 정당의 개입을 차단하라고 주문하는 것보다는 정당이 지지후보에 대하여 책임질 수 있는 장치를 마련하도록 요구하는 편이 더 현실적일 것이다.

이 모든 사실에도 불구하고 어떤 교육감을 선출할 것인가는 결국 시민들의 몫이다. 우리들의 자식 교육을 책임질 사람을 가족이라는 이유로, 동문 또는 당원이라는 이유에서 지지할 경우 그 폐해는 고스란히 우리들 자신에게로 돌아올 것이다. 그래서 한 표 한 표가 불량스러운 끼리문화를 개선하는데 결정적인 힘을 발휘한다는 사실을 인식할 필요가 있다.

그렇다면 어떤 인물이 새로 선출되는 교육감으로서 적합한 것일까? 교육감은 교육행정 전반을 총괄할 수 있는 식견과 능력을 가지고 있어야 하며, 학생, 학부모, 교직원, 공무원 등 이해당사자들을 아우를 수 있는 지혜와 덕망을 갖추어야 한다. 교육행정 경험이 많은 분이면 더욱 적합할 것이다.

둘째로 신실하고 정의감이 투철한 분이어야 한다. 우리 주변에는 직함을 열 몇 개씩 가지고 다니면서 패거리의 우두머리 행세를 하는 사람들이 많다. 울산의 후진적인 정치문화의 불행이 바로 그런 잘못된 관행에서 빚어졌다는 것을 알아야 한다.

셋째로 비록 정당의 추천을 받았다 하더라도 교육현장을 정치판으로 만들지 않고 순수하게 지켜나갈 수 있는 꿋꿋함과 강단이 있는 분이어야 한다. 교육감이라는 사회적 지위가 국회의원이나 장관보다 낮을지는 모르지만, 최고의 학식과 덕망을 갖추고 있다는 점에서 모든 공직자의 귀감이 되어야 할 위치에 있기 때문이다. (2007.08.31)

현대차, 변화해야 살 수 있다

현대차가 위기를 넘겼다. 지난 9월 4일 현대차 노사는 임금 및 단체협상을 전격 타결함으로써 10년 동안의 분규시대에 종지부를 찍었다. 다른 한 편, 비자금 조성 혐의 등으로 기소되었던 정몽구 현대·기아차그룹 회장은 9월 6일 항소심 선고공판에서 징역 3년에 집행유예 5년과 사회봉사 명령을 선고받았다.

우선 현대차의 노사분규가 평화적으로 해결된 것은 크게 평가받아 마땅하다. 울산 시민들로서는 여간 다행스럽게 생각하지 않을 수 없다. 그리고 현대차 정회장을 일터로 돌려보내준 재판부의 고심을 이해하면서 대대적으로 환영하는 바이다.

그러나 이 두 가지 사실 모두 상식적으로 납득하기 어려운 부분도 있다는 것을 부정할 수는 없다. 그래서 현대차의 노사가 근본적으로 변화하지 않을 경우에 국민적 불신이라는 총체적 위기에 직면할 가능성도 높은 것이다.

10년만의 무분규 기록을 깨뜨린 현대차의 노사협상은 그 자체만으로도 큰 의미를 가질 수 있다. 울산시 전역은 축제 분위기에 들떠 있으며, 실제로 시민대잔치를 준비하고 있기도 하다. 그러나 이번 협상은 어디까지나 현대차 정회장의 항소심 재판을 염두에 둔 전략적 선택일 수밖에 없다는 점에서 노사의 기본인식이 변화되었다고 보기에는 아직 이르다.

사측이 정회장의 항소심 판결을 유리하게 끌어내기 위하여 노조의 요구를 전격 수용했거나 노조측이 이런 사실을 전략적으로 활용했다면 노사간의 온전한 신뢰는 기대될 수 없다. 사측은 기본급 5.79% 인상, 성과금 300%, 상여금 750%, 격려금 200만원의 지급을 약속하였으며, 따라서 1인당 870여 만 원 정도의 인상요구를 수용한 셈이다. 또한 정년을 58세에서 1년 늘렸으며, 개인당 무상주株 30주씩을 지급하기로 하였다.

이뿐만이 아니다. 해외공장의 신규투자 및 차종투입 계획조차도 일일이 노조에 설명해야 하고, 고용에 영향을 미치는 모든 사안은 노사공동위원회에서 심의·의결하기로 합의하였다. 사실상 노조의 경영참여를 허용한 것이다. 이와 같은 결정이 반드시 노조에 유리한 것은 아니다. 회사의 흥망이 노조의 판단에 직결되어 있기 때문이다. 노조의 지나친 경영 간섭은 회사의 경쟁력을 떨어뜨리는 결과를 초래할 수 있고, 노조의 권익 확대가 회사의 몰락으로 연결될 수도 있다.

비록 서울고법 형사10부(재판장 이재홍)가 정몽구 회장의 형집행을 유예하기는 했지만, 그렇다고 해서 그의 범죄행위가 소멸된 것은 아니다. 5년 이내에 6천억원을 사회에 환원해야 하고, 20시간 이상의 전경련 강의와 준법의무를 주제로 한 언론 기고寄稿 활동을 하도록 판시한 것은 결국 기업의 사회적 소명을 법적으로 강제한 것에 지나지 않는다.

이 판결을 계기로 하여 현대차는 윤리경영을 선언해야 할 것이다. 현대·기아차그룹 계열사의 부당 내부 거래 혐의로 공정거래위원회가 600억원의 과징금을 부과한 사실 역시 투명경영의 필요성을 입증하는 사례이다. 현대차는 변화해야 살 수 있다. 오직 윤리경영으로 이윤창출을 극대화해야 할 것이다. (2007.09.07)

신정아 스캔들과 간통죄 폐지논란

신정아 스캔들이 정국을 뜨겁게 하고 있다. 비자금사태, 친인척 비리, 황우석 스캔들, 열린우리당의 해체, 기자실 폐쇄, 도로 열린우리당으로의 헤쳐모이기, 그리고 이어서 터져 나온 것이 바로 신정아 스캔들이다. 무엇이 어떻게 얽혔는지는 알 수 없지만 이제 노무현 대통령의 부인 권양숙 여사까지 거론되고 있다.

권여사가 인구에 회자되고 있는 이유는 너무나 분명하다. 대단히 위험천만하고 부적절한 시기에 신정아 스캔들의 당사자인 변양균 전 정책실장의 부인을 청와대로 불렀기 때문이다. 변실장에 대하여 노대통령이 배신감까지 느꼈을 터인지라 권여사의 처신은 도무지 납득이 되지 않는다.

도대체 권여사는 철저하게 배신당한 변실장의 부인을 어떻게 위로할 수 있었을까? 마음이 아픈 사람을 불러서 밥을 함께 먹으면서 위로하는 데 그쳤다면 이해하고 넘어갈 수도 있다. 그런데 그것이 아닌 것 같다. 대통령 부부가 이 사건과 아무런 관계가 없다는 사실을 언론에 공표했기 때문이다. 바로 이 점 때문에 세인들은 의아해 한다. 누가 이야기 한 것도 아닌데, 굳이 권여사가 진흙탕 속으로 자진해서 뛰어든 이유는 무엇일까.

청와대 사람들이라고 해서 사랑하지 말라는 법은 없다. 청와대 사람들도 불륜을 저지를 수 있고 100여 통의 연애편지를 보낼 수도 있다. 그런데 왜 그런 불미스러운 스캔들에 대통령 부부가 무관하다는 사실을 강조해야만 했을까? 그래서 우리를 더 궁금하게 만들고 있다.

최근 일부 판사들이 간통죄에 대한 위헌법률심판을 청구하면서 세인의 관심이 집중되고 있다. 간통죄가 헌법상 기본권인 성적 자기결정권과 프라이버시를 침해할 수 있다는 판단에서 헌법재판소에 심판을 제청한 것이다.

형법 제241조 및 형사소송법 제229조는 혼인한 자가 간통할 경우 2년 이하의 징역에 처할 수 있도록 규정하고 있다. 그러나 국가가 간통과 불륜을 처벌하는 것이 정당한가의 문제는 논란의 여지가 많다. 특히 현행법에서는 배우자를 간통죄로 고소하려면 이혼을 전제할 수밖에 없으므로, 사태의 본질을 해결하기 보다는 보복적 차원에서 활용될 여지가 더 크다.

필자 역시 남녀의 애정 문제에 국가가 개입하는 것은 적절하지 않다고 본다. 결혼의 신성의무는 도덕적, 종교적 차원에서의 인격 문제이지 형사법의 대상일 수 없다고 보는 것이 현대사회의 추세이다. 그렇다고 해서 불륜과 간통을 용인하라는 것이 아니다. 간통과 불륜에 대한 응분의 책임은 마땅히 물을 수 있어야 한다.

전통적으로 부적절한 애정행각에 대해서는 가능한 모든 형태의 제재를 가해 왔던 것이 사실이다. 명예가 실추되고 사회적 지위가 박탈되었다. 그러나 현 시대의 경우 불륜과 간통에 대하여 민사적 책임을 묻는 것만으로도 충분하다고 생각한다.

우리 울산사회에서는 불륜과 간통에 대하여 관용을 베풀어야 한다는 잘못된 생각이 뿌리내리고 있다. 불륜과 간통사건을 축제로 기념하는 것은 온당하지 않다. 특히 신정아 스캔들처럼 부적절한 관계가 국정을 농단하는 데까지 이른다면 더욱 경계해야 마땅하다. (2007.09.14)

참여정부의 최대 업적, 신정아 게이트

"국민이 대통령입니다"라는 참여정부의 초기 캐치프레이즈는 신정아 게이트를 통하여 실현되었다. 참여정부나 노무현 대통령의 안중에 국민이 사라진지 오래였으나, 유독 한 사람 신정아 그녀만큼은 대통령 그 이상의 권력과 영화를 누려 온 것이다.

참여정부의 신정아 게이트는 한 국민이 대통령처럼 살 수 있다는 것을 보여 주었다. 그리고 권력무상이라는 뼈저린 교훈을 전 국민이 실감나게 깨닫도록 하는 데도 성공하였다. 그런 점에서 공약을 실천한 것은 분명하다.

주요언론은 이번 사건에 변양균 전 청와대 정책실장의 선을 넘어서는 몸통이 있다고 판단하여 스캔들의 차원을 넘어선 게이트로 취급하고 있다. 신정아 개인의 문제가 아니다. 청와대, 기획예산처, 행정자치부, 문화부, 교육부는 그녀의 손바닥이었다. 법원의 영장 기각도 심상치 않다. 조계종과 동국대학교 이사회를 주축으로 하는 불교계와 학계의 주요 인사들까지 이 사건에 깊숙이 연관되어 있다.

한 사람의 무자격자를 교수로 임용하기 위하여 이처럼 모든 권력기관들이 일사불란하게 움직인 것을 놓고서 변실장 혼자의 작품이라고 생각하기는 어려울 것 같다. 은밀하다. 조직적이다. 통이 크다. 짐작이 안 된다. 거기에다가 너무나 외설적이다. 우리나라 최고 권력을 무대로 연출된 이번 사건이 국민들의 관심을 끌고 있는 것은 바로 이런 이유들 때문이다. 의사소통구조의 완전한 왜곡, 총체적인 타락, 밀실에서의 야합, 권력중심부의 지원이나 묵인이 없고서는 이 같은 일이 발생하는 것은 사실상 불가능하기 때문이다.

일부 단체들은 신정아의 누드 사진을 보도한 문화일보를 질타하였다. 그러나 한 때 문화일보의 서버가 다운된 것은 그것이 얼마나 대단한 국민적 관심사인가를 단적으로 보여준다. 신정아의 몸매가 매력적일 것이라는 기대감을 갖고서 그 사이트를 찾은 국민들은 없을 것이다. 우리 국민들은 단지 국정을 농단한 주인공을 직접 보고 싶었을 뿐이다.

다시 한 번 처용설화의 주인공들을 연상시킨다. 신정아 게이트는 영락없이 처용이 자기 부인과 사통한 역신세력과 결탁하여 골품제로 영위되던 왕권을 쟁탈했던 야합의 역사와 다를 것이 없다. 한 여인을 두고서 정부권력과 불교권력, 그리고 기업이 결탁하여 야합의 역사를 창출하려던 그 허망한 꿈 말이다.

동국대 재단이사장이나 이사 스님들이 관련된 월정사(강원 평창군)에 최근 3년 동안 47억여원의 국고를 지원했다고 한다. 그리고 역시 그들이 관할하고 있는 울주군의 홍덕사에 대해서도 10억원의 특별교부세를 배정했다는 것이다.

특별교부세는 행자부가 재난 등 위급한 사태를 처리하기 위하여 지자체에 특별히 지원하는 재정이다. 누가 이런 정부를 믿을 수 있겠는가?

2005년 9월 신정아의 동국대 교수 임용 이후 동국대학교에 대한 교육부의 예산지원이 급증한 것이 사실로 드러났다. 2005년에 35억원이었던 것이 2006년에는 100억원으로 대폭 증액되었다.

신정아가 가는 곳마다 국가 예산의 지원이 뒤따랐다. 한 사람의 국민을 대통령 그 이상의 존재로 연출하는 데 성공한 것은 분명 참여정부의 업적이다. (2007.09.21)

로맨스와 스캔들의 차이

최근 김경수 교수(중앙대)가 처용문화제 논란을 폄하하는 주장을 한 기고문에 실어서 반론을 제기하고자 한다.

그는 처용문화제가 지속되어야 한다고 주장한다. 이것은 얼마든지 가능한 주장이다. 그런데 이 주장을 위하여 그가 전개한 논지는 학문적으로 납득하기 어려운 부분이 많으며 심지어는 역겨움마저 느끼게 한다.

그는 울산에서의 처용문화제 논란에 대하여 "책임없이 내뱉고 있다"고 싸잡아 비난하면서, 삼국유사 전편을 한문 원전으로 읽을 줄 알아야 처용설화에 대하여 말할 자격이 있다고 주장한다. 처용을 단편적으로, 그것도 번역본으로 읽고서 엉뚱한 논리를 남발하는 것은 학자로서 부끄러운 일이라는 것이다. 기고문의 전체 문맥으로 보아 필자를 지칭하는 것이 분명한 것 같다.

언어는 분명 학문의 중요한 도구로서 필요조건이지만, 학문의 충분조건은 아니다. 한글 번역본으로 처용설화를 읽으면 단편적인 것이 되고 엉뚱한 논리로 전락한다고 매도하는 것은 황당한 비약이다. 오히려 이렇게 묻고 싶다.

그렇게 잘난 척하면서도 삼국유사 번역본 하나 내놓지 못하는 이유는 무엇인가? 김경수의 삼국유사 원전 해독 실력이 이민수, 김원중, 김태식, 이재호, 이가원, 허경진, 강인구, 이상호, 하정룡, 구인환 등 제씨보다 훌륭하다고 검증받고 싶다면 먼저 그 자신의 번역서를 내놓아야 하지 않겠는가? 한문으로 삼국유사를 읽는다고 해서 처용설화를 더 잘 해석할 수 있다고 단정하는 것은 논리적 독단이자 오류에 지나지 않는다.

또한 그는 "만일 제대로 공부하는 학자라면 선학들이 제기한 학설들을 면밀히 읽고 학술적 논문을 전국적인 학회지에 발표해야 한다."고 말한다. 그는 분명 울산에서 처용논의를 하는 사람들이 기존 연구도 살펴보지 않고 뜬구름 잡는 이야기를 한다고 생각하는 것 같다. 그래서 "전공도 아닌 사람이 비본질적인 주장을 하여 선량한 민중을 오도"한다고 했을 것이다.

진정한 학자라면 그렇게 말하지 않는다. 역사 이래로 학문적 논의는 매우 다양한 형식과 방법으로 이루어져 왔다. 대화, 토론, 연설, 강의, 기록, 출판 등이 바로 그것이다. 기록과 출판의 경우 역시 일기, 자유기고, 보고문, 논문, 저서 등 매우 다양한 형태로 이루어진다. 학문의 발표 방식은 강요 대상이 아니며 학자 자신의 선택사항이다.

필자가 보기에 김경수 교수의 전공영역은 한문학, 고전시가 분야이고 핵심 연구영역은 이규보와 제왕운기이다. 그의 말이 옳다면 왜 한문학자가 전공도 아니면서 울산의 대표축제 문제에 개입하려는 것인지 모르겠다. 필자의 전공은 종교철학이어서 축제문화에 개입할 권리가 충분하다고 생각한다.

김교수가 처용문화제 명칭논란에 가세하고 싶었다면 그 역사적 배경과 진행 과정을 면밀히 검토해보았어야 옳았다. 특히 처용설화의 성담론적 해석을 시도한 필자의 주장에 대하여 전국학회에서 논문형식으로 반박했다면 자신의 진정성을 입증할 수 있었을 지도 모른다.

그런데 왜 김교수는 일간지에서 궤변과 억지로 일삼고 있는가? 남이 하면 스캔들이고 자신이 하면 로맨스라는 것인가? 반박하라. 그러면 답할 것이다. (2007.09.30)

심사기준의 중요성

신정아 스캔들의 파장은 의외로 크다. 학력을 속인 지도층 인사들이 커밍아웃을 하는가 하면 기업들조차도 능력이나 평판을 아울러 살피기 시작했기 때문이다. 그런데 큰 일이 벌어질 때마다 이렇게 호들갑을 떠는 경박한 문화 역시 청산 대상이다.

일부 대기업은 중견직 공채 과정에서 평판도 심사방식을 채택했다고 한다. 성품, 책임감, 친화성 등은 학력으로 파악할 수 없기 때문에 발전적이고 긍정적인 측면이 있다고 생각한다. 그리고 특수한 분야에서는 학력조차 중요하지 않은 경우까지 있을 수 있다.

그러나 학력이야말로 가장 일반적이고 보편적인 평가 지표가 된다는 사실을 잊어서는 안 될 것이다. 신정아 게이트에서 문제가 된 것은 학력 그 자체가 아니라 학력 사기였다. 학력은 그만큼 사람의 능력을 평가하는 근본적인 잣대가 되기 때문에 신정아 역시 그것을 속이면서까지 출세하고자 했던 것이다. 그런데도 우리 사회는 신정아 사태가 학력 지상주의의 폐단인 것처럼 단정하는 사람들도 적지 않았다.

물론 학력만을 내세우는 학력지상주의는 잘못된 것이다. 학연이 같은 사람들끼리 연대와 담합을 일삼는 사회구조 역시 잘못된 것이다. 이러한 부정적 측면은 학력 그 자체보다는 학력을 절대시하는 사회시스템에서 기인하는 측면이 더 강하다. 그러나 이러한 부정적 측면만으로 학력이라는 검증시스템을 무력화해서는 안 될 것이다.

인류문화를 발전시켜온 가장 큰 원동력은 교육이다. 좋은 대학에서 좋은 교육을 받은 사람은 그만큼 더 큰 경쟁력을 갖출 수 있으며, 그 때문에 사회에서 더 나은 대우를 받게 되는 것이다. 그런 교육의 기회를 갖지 못한 사람은 다른 방식으로 자신의 능력을 극대화하여 학력을 가진 사람들과 경쟁할 수 있어야 한다. 학력은 평가의 중요한 시금석인 것이다.

신정아 사태의 후유증은 학력을 더 이상 신뢰할 수 없게 만든 것이다. 그래서 대기업들이 경력사원의 평판을 조회하는 풍속도가 생겨나게 된 것이다. 대개의 경우 평판이 좋은 사람은 인간관계나 업무능력이 신뢰할 수 있는 것이 사실이다. 그러나 그것 역시 절대적인 것으로 간주해서는 곤란할 것이다.

평판이 정당한 평가 기준이 될 수 없는 이유는 그것이 충분히 악용될 수 있기 때문이다. 평판이란 것 자체가 주관적인 것인 데다가 유능한 인재를 모함할 수 있는 가능성도 배제할 수 없기 때문이다. 특히 회사에서 부당한 사유로 퇴출된 사람에 대한 평판이 좋을 것이라고 기대할 수는 없을 것이다.

학력은 객관적으로 검증된 평가기준이지만 평판은 그렇지 못하다. 훌륭한 인재를 선발하는 기준은 다양할 수 있다. 외모, 인물, 성품, 학력, 경력, 특기, 평판 등을 생각할 수 있을 것이다. 그러나 이 중에서 학력과 경력은 객관적으로 검증 가능한 것이다. 따라서 그만큼 신뢰할 수 있는 기준이 될 수 있다. 그런데 우리 사회는 그 중요한 기준을 무력화하려는 것이다.

축제도 마찬가지이다. 울산시가 좋은 축제를 만들고 싶다면 성공적인 축제의 기준과 조건부터 다시 점검해 보아야 할 것이다. 시민들 모두가 자긍심을 가지고 참여할 수 있고 흥미를 유발할 수 있는 그런 축제 말이다. (2007.10.07)

태화강에 주목하라

울산광역시를 상징하는 제1의 랜드마크로서 태화강을 주목할 필요가 있다. 태화강은 울산 전역을 굽이치다가 동해바다로 흘러가는 울산에서 가장 큰 강이다. 공업화 과정에서 태화강은 썩은 강이 되었다가 박맹우 시장의 에코폴리스 정책으로 다시 살아났다.

죽음에서 생명으로의 부활은 우주진화의 근본 원리이다. 굳이 종교를 말하지 않더라도 생명을 다시 살려낸다는 것은 성스러운 일이며 자연의 신비이기도 하다. 그 신성한 일을 울산시민들이 해낸 것이다. 바로 이 점에서 울산의 태화강은 새롭게 해석되어야 한다.

태화강가에서 우리 선조들은 쇠를 녹이고 고래를 잡으러 나가고 바위에 그림을 새기면서 태고적부터의 삶을 영위해 왔다. 태화강의 문화 기적은 일본으로 전파되어 세계 속으로 뻗어나갔다. 현대를 살고 있는 우리들 역시 태화강 하류에서 세계적인 공업단지를 일구어내는 데 성공하였다. 태화강은 선사문화와 현대산업을 연결하는 생명의 숨결이자 창조의 비결인 셈이다.

지난 6월 20일 박맹우 시장이 한국일보사(사장 이종승)가 마련한 '제2회 2007 대한민국 글로벌 경영인 대상'에서 최고의 영예를 차지한 것도 태화강을 살린 공적이 높게 평가받았기 때문이다. 한국일보사가 제정한 이 상은 철저한 경영혁신과 탁월한 국제경영 성과로 국가경제 발전에 기여한 한국의 글로벌리스트 경영인을 발굴하기 위한 것이다.

박맹우 시장이 지역산업의 무한발전을 추구하면서 세계화 전략을 추진해 온 사실에 사족을 붙일 필요는 없다. 그가 울산지역 시민들에게 절대적인 지지와 존경을 받고 있는 것은 직무에 대한 성실한 자세뿐만 아니라 시민을 성심으로 섬기려는 태도에서 비롯된다고 할 것이다.

그런 그의 대표적인 업적이 바로 태화강을 살려낸 일이다. 에코폴리스 울산을 기치로 내걸고서 박시장은 태화강 정비사업을 대대적으로 벌이면서 수질을 개선하고 체계적으로 관리하는 한편 대기질의 개선 등 환경개선을 위하여 부단한 노력을 기울여 왔다.

태화강은 살아났다. 1급수에서만 서식하는 수달과 연어가 돌아왔으며, 철새가 서식하는 자연의 보고寶庫로 변모하게 된 것이다. 해마다 태화강 가에서 물축제가 열리고 수천명이 태화강에서 수영하는 전국대회까지 열리게 되었다. 태화강의 기적이 재연된 것이다.

태화강의 부활은 울산의 새로운 가능성을 시사해주고 있다. 태화강은 울산시민을 위한 문화공간으로 거듭났다. 올해 처음으로 도입된 국제설치미술제는 울산시민들의 문화 품격을 한층 더 높이는 데 기여하였다. 태화강의 명물로 자리잡은 십리대밭과 연계하여 개발한 자연 산책로 역시 시민들의 사랑을 받을 것이 분명하다. 태화강변에 활짝 핀 수천수만 송이의 코스모스 꽃밭도 울산시민들을 감동시키고 있다.

태화강은 울산의 명물이다. 최고의 브랜드 가치를 가지고 있는 것이다. 그래서 울산시의 대표축제를 태화강축제로 하자는 이야기에 귀를 기울일 필요가 있다. 태화강을 싫어하는 울산시민은 한 사람도 없기 때문이다. 태화강은 이제 울산시민의 자긍심이 되고 있다. (2007.10.14)

이명박 대 이명박

한나라당 이명박 후보의 지지율이 50%를 상회하는 초고공 행진을 계속하고 있다. 정동영 후보를 제외한 권영길 후보, 이인제 후보, 문국현 후보 모두 한 자리 숫자에 머물고 있을 뿐이다.

그런데 한 언론사가 전혀 뜻밖의 전망을 내놓았다. 이명박 후보의 가장 큰 적은 이명박 후보라는 것이다. 이게 무슨 말인가? 그러나 한참 생각해보면 그 말 속에 엄청난 매서움이 도사리고 있음을 알 수 있다.

한나라당 경선 이후 이명박 선거캠프의 모습을 보면 노무현 대통령의 당선축하 대국민선언 이후의 행보와 그대로 닮은꼴이라는 느낌을 받는다. 민주당 후보로 당선된 노대통령은 국민통합과 상생의 정치를 부르짖었으나 그 약속은 지켜지지 않았다. 오히려 민주당을 분열시키고 치명적인 상극정치를 일삼았던 것이다.

경선 직후에 이명박 후보는 박근혜 후보와의 상생을 천명하였으나 박후보 측근인사들은 주요 당직과 선거캠프의 주요 요직에서 모두 배제되었다. 박근혜 지지자들은 아직도 당내투표에서 승리했다는 강한 자부심으로 뭉쳐 있다. 그런데 막판까지 눈치를 보다가 슬그머니 끼어든 기회주의적 인사들에게까지 밀려나는 치욕을 당한 것이다.

이후보의 선거대책위 인사들의 면면이 지나치게 권력지향적 인사들로 채워진 것도 국민적 지지를 얻어내는데 불안요인이 되고 있다. 일부 측근들은 참여정부의 386세대처럼 세도를 부린다고도 한다. 그런데도 이후보는 이런 사정을 정확하게 꿰뚫고 있는 것 같지 않다.

어디 그뿐이겠는가. 구태의연한 인사들을 끌어들이는 과정에서 차떼기당의 악몽을 되살려내는 악수를 두게 되었다. 이처럼 부정적인 이미지가 김경준씨의 BBK 주가조작 사건이나 부동산 투기문제와 중첩될 경우에 그 여파는 치명적일 수밖에 없다.

70년대의 개발시대에 우리나라의 대표적인 건설사 사장으로 재직하면서 부동산 거부가 되었다고 마냥 비난할 일은 아니라고 생각하는 국민들도 많았다. 그러나 이후보가 관련 사실을 떳떳하고 분명하게 밝히지 않고 머뭇거리는 동안 현시대의 도덕적 잣대가 작동되기 시작했다는 사실을 깨달아야 한다. 그의 핵심 참모들의 지혜가 한참 부족했던 것이다.

이명박 후보의 강점은 간명하고 확실한 처신에 있다. 그에게 국민적 지지가 집중된 것은 지금까지의 뒤틀린 권력 논리에 대한 반발 때문일 것이다. 그런데 지금 이후보의 논리 역시 점점 혼미한 상태로 빠져들고 있다. 처음에는 5조원이면 충분하다고 했던 한반도 대운하 건설비용이 이제는 15조에서 20조원 규모로 늘어났으며, 부산, 경남, 대구 등 운하신도시 건설비용까지 합하면 얼마가 될지 모른다는 것이다. 따라서 대운하 공사의 진행방식을 검토해 볼 필요가 있다.

이후보는 이런 위험신호를 애써 외면하고 있다. 벌써부터 인의 장막에 둘러싸여 있는 것이 분명하다. 가장 급선무는 이번 대선에서 이후보가 승리할 경우 박근혜와 그 지지자들은 처참하게 몰락할 것이라는 집단무의식을 신속하게 치유해 주는 것이다. 그렇게 하려면 이미 구성된 선대위를 보완하여 박근혜 지지자들로 하여금 공을 세울 수 있는 터전을 마련해 주어야 한다.

(2007.10.18)

이회창 전 총재의 무소속 출마설

이회창 한나라당 전 총재가 시국강연에서 몸을 던져 대한민국을 지킬 것이라고 기염을 토하였다. 무소속 대선출마 가능성을 타진하려는 기자들에게는 나중으로 미루었다. 한 몸을 던지겠다고 선언한 자리에서 자신의 의사를 분명하게 밝히지 않은 것은 유감이다.

이회창 전 총재의 추종세력들은 극도의 보수주의를 표방하고 있다. "대한민국 사수 국민대회"라는 이름만으로도 짐작할 수 있다. 그들은 북한의 김정일과 남한의 친親김정일 세력이 한반도에서 더 이상 주도권을 잡지 못하도록 궐기할 것을 강력하게 주장하고 있다.

그러나 이러한 주장은 참여정부 비판론자들에게조차도 낯설게 느껴진다. 시대의 흐름에 역행할 뿐만 아니라 지나칠 정도로 극우적이기 때문이다. 자유민주주의의 정체성을 수호하는 데 바른 이데올로기의 정립은 매우 중요할 수 있다. 그러나 '좌파정권 타도'와 같은 전근대적인 이념은 더 이상 우리 시대의 지향 가치가 될 수 없다는 것을 알아야 한다.

김영삼 정부보다 김대중 정부가 더 좌파적이고 노무현 정부가 김대중 정부보다 더 좌파적이라는 사실을 모르는 국민은 없을 것이다. 그렇다고 해서 우리 국민들이 좌파정권의 타도를 부르짖는 것은 아니다. 새 정부가 더 이상 좌로 편향되지 않고 국정을 안정적으로 도모할 수 있기를 바랄 뿐이다.

이회창 전 총재는 한나라당뿐만 아니라 우리 국민들에게 씻지 못할 죄를 지은 바 있다. 물론 그 역시 병풍사건의 희생자로 생각하여 억울해 할 수도 있을 것이다. 그러나 병역문제가 국민적 불신의 대상이 되었던 점이나 한나라당을 차떼기 당으로 전락시켰던 부분은 결코 부정할 수 없을 것이다. 그런데 이런 사실들을 망각한 것처럼 한나라당의 전 총재였던 그가 무소속 출마설의 진원지가 되고 있으며, 심지어 즐기는 것처럼 보이는 것은 현명한 처사가 아니다.

측근들이 전하는 바에 의하면 이 전 총재는 걱정이 많은 것 같다. 북한과 좌파정권의 위협으로부터 국가 안보를 지켜내는 것도 문제이지만, 이명박 후보 주변에 운동권 출신이 많은 것조차 우려한다는 것이다. 그러나 이 후보가 좌파정권을 세울 사람이 아니라는 것을 이 전 총재 본인이 더 잘 알 것이다.

물론 한나라당의 대통령 후보로 지명된 이명박 후보의 행보에 대하여 불만을 내비치면서 계산할 수는 있을 것이다. 이 후보를 그림자처럼 따라다니는 여러 의혹들이 불거져서 인기가 추락할 경우 대안이 되겠다는 그 생각 말이다. 그러나 한나라당의 정권 재창출을 어느 누구보다도 강조해온 이 전 총재가 한나라당 후보가 실족할 것을 은근히 기다리는 듯한 메시지를 국민들에게 보내는 것은 도덕적이지 못하다. 이 전 총재나 이 후보 모두 과거 개발독재시대를 살았던 주역들이다. 경제인이나 법조인으로서 서로가 추구했던 가치와 정서는 다를지 모르지만 그들 각자가 최선을 다하여 살았던 것은 공통적이다.

이회창의 시각에서 볼 때 이명박이 부족하다고 생각될 수도 있다. 자신이 더 낫다고 생각할 수 있는 것이다. 그렇다고 해서 그를 대신하여 무소속으로 나서겠다는 것은 자신의 근본을 부정하는 일이다. (2007.10.24)

의정비 인상 논란에 대하여

지방의회 의원의 의정비가 대폭 인상됨에 따라 시중에서는 논란이 분분하다. 특히 일부 시민단체와 주요언론에서 의정비 인상의 부당성을 제기함으로써 뜨거운 감자로 급부상하고 있다.

형식적으로만 보게 되면 울주군의 경우 5,216만원, 중구 5,128만원, 남구 5,070만원, 동구와 북구가 5,040만원으로 확정됨으로써 최소 69%에서 최고 81.9%가 인상되었다. 일부 시민단체가 의정비심의위원회의 결정을 백지화하고 재심의 할 것을 요구하고 나서는 것도 당연한 것처럼 보일 수 있다.

그러나 이러한 주장들은 지방의원의 의정비 인상폭이 과다할 수밖에 없었던 데 대한 구조적인 진단을 간과함으로써 설득력이 부족한 것도 사실이다. 의정비 인상 문제를 단순하게 전년도 책정액을 기준으로 보는 것 자체가 불합리하기 때문이다. 지방의원 의정비 책정 문제는 무급제에서 유급제로의 전환이라는 과도기적인 단계에 있으며, 지방의원의 예우 규정이 정비되지 못한 사정을 감안해야 하기 때문이다.

지방자치제가 시행되면서 지방의원 무급제를 도입하였으나

여러 가지 문제점들이 도출되면서 2005년 8월에 유급제를 도입하는 지방자치법 개정이 추진되었으며, 2006년에는 관련 시행령을 개정하여 의정비를 지급하도록 결정하였다. 그러나 정부는 일반 공무원의 보수규정처럼 통일된 지침을 마련하지 못하고 각 자치단체별 의정비심의위원회에서 보수규모를 책정하도록 하였다. 이것이 본 사안의 발단이 된 것이다.

그 결과 2006년도의 지방의회 의정비의 평균 지급액은 광역의원 4,683만원, 기초의원 2,776만원으로 결정되었다. 서울시의원 6,804만원, 서울 서대문구 3,804만원 등 서울시 지방의회를 제외한 대다수의 자치단체에서는 의정비를 현실적으로 산출하지 못했던 것이다. 따라서 금년의 의정비 인상폭이 과다한 것은 바로 지방의원들의 직무와 위상을 고려한 현실화 조치의 필연적 결과인 것이다.

이러한 사정을 모두 무시하고 현재 지방의회 의원의 활동 수준이 불만족스럽다는 이유만으로 지방의원의 의정비를 8, 9급 공무원의 보수규정보다 못한 수준으로 유지해야 한다고 주장하는 것은 잘못이다. 의회는 행정부의 감시와 견제를 수행해야 할 책무가 있으며, 중앙정부를 견제하는 국회의원의 보수 규정에 비례하는 대우를 지방의회 의원에게도 보장할 필요가 있다. 이처럼 지방의원의 위상과 책무와 보수규정을 마련한 연후에야 비로소 우리는 그들에게 성심을 다하여 직무에 충실하라고 요구할 수 있을 것이다.

더 나아가서 이번의 의정비 인상안이 현 의원들에게 반드시 유리하다고 볼 수 없는 측면도 있다. 지방의원의 보수규정이 현실화됨으로써 전문성을 갖춘 보다 훌륭한 인재들이 영입될 수 있을 것이며, 따라서 이와 같은 경쟁을 통하여 나태하고 무능한 의원들은 자연스럽게 도태될 수 있기 때문이다.

그럼에도 불구하고 문제가 없는 것은 아니다. 지방의회 의원의 의정비 심사를 자치단체별로 시행함으로써 지역 간 의정비의 차등화가 심화되는 문제, 그리고 전일제 근무 의원과 겸직 의원의 형평성 문제 등을 고려하여 제도 정비에 착수해야 할 것이다. (2007.11.03)

울산예술계의 자화상

어느 기자수첩에서 울산의 지역예술계가 자신들의 축제에도 참여하지 않는다고 질타하고 있었다. 제27회 울산예술제의 풍경을 겨냥한 비판이었다. 회원 수만 1,500여명에 달한다는 울산예총의 축제행사 서막식에는 400여명의 관계자들만이 나타났으며, 개막 축하공연에는 썰물처럼 빠져나가 100여명만이 자리를 지켰다는 것이다. 자신들의 축제마저도 감당하지 못하는 이런 현상을 기자는 울산예술계의 총체적 난국으로 규정하였다.

현재 울산예총회장이 겸직으로 있는 처용문화제추진위의 사정도 마찬가지이다. 관계자들은 제41회 처용문화제가 성공적으로 치러졌다고 대대적으로 홍보하는 모양이다. 과연 그러한가? 울산시민들은 경상일보 김동수기자가 올린 한 장의 사진을 기억할 것이다. KBS울산 홀에서 열린 처용문화제 전야제 행사장은 절반 이상의 좌석이 텅빈 채로 썰렁한 모습을 드러내고 있었다.

처용추진위는 처용문화제의 시작을 알리는 처용제의 행사에 800여명이 몰려들어서 대성황을 이루었다고 홍보하였다. 그런데 관련 기사를 읽다보니 저절로 실소가 터져 나왔다. 평소에는

100여명 밖에 참여하지 않았다는 것이다. 처용문화제 명칭폐지 운동이 범시민적으로 일어나자 처용암 인근마을 주민들에게 두세 차례씩 우편물을 보내 참여를 독려한 것이다.

주요행사들도 지지부진한 것은 여전하였다. 예술체험프로그램은 참여가 저조하였고 실내 낮 공연은 관객동원에 실패하였다. 세계음식문화축제와 울산교의 벼룩시장도 시민들에게 실망만 안겨주었다. 전시프로그램도 예년의 것을 답습하여 외면당하고 말았다. 따라서 처용추진위가 성공했다고 자평할 수 있는 유일한 행사는 바로 월드 뮤직 페스티벌이었다.

월드 뮤직 페스티벌은 사실상 처용문화제 컨셉과는 전혀 다른 것이다. 어쨌든 처용추진위로서는 전체예산 7억 중에서 3억을 배정한 것인 만큼 성공 쪽으로 홍보할 수밖에 없을 것이다. 뮤직 페스티벌은 주로 20~30대의 호응을 받아 밤 시간 대에 400명에서 600여명의 관객을 모았으며, 특히 마지막 공연은 관객들을 열광시키기까지 했다는 것이다. 그래서 대성공이라는 것이다.

다른 기관에서 주최한 울산 재즈페스티벌은 좌석이 없어서 입장하지 못할 정도로 대성황을 누렸다고 한다. 그것도 세 시간 전부터 줄을 서서 기다렸다가 장장 3시간 반 동안의 긴 공연을 한 사람도 자리를 뜨지 않고 지켜봤다는 것이다. 수많은 공연 중에서 한두 개 정도만 성공한 월드 뮤직 페스티벌과 비교할 때 성공의 정도가 너무나 다르다.

처용문화제를 관장하는 대다수의 사람들 역시 울산지역의 예술계 종사자들이다. 울산예술제마저 성공시키지 못하는 판에 처용문화제의 성공을 주문하는 것은 무리일지 모른다. 그러나 시민들이 무엇을 바라는지 조금만 주의를 기울여도 성공적인 축제에 다가설 수 있을 것이다.

울산지역의 예술계가 이처럼 참담한 상황에 처한 것은 문화권력에 취한 일부 인사들 탓도 크겠으나, 그것을 막아내지 못한 문화예술계 모두의 책임이 더 크다는 것을 통감해야 할 것이다. (2007.11.08)

누가 혼미정국을 주도하는가

제17대 대선이 한 달여밖에 남지 않은 상황에서 후보의 진영조차 갖추어지지 않은 데다가, 검찰이 당락을 결정하게 되는 우리 정치사의 악순환이 거듭되고 있다. 문자 그대로 혼미정국에 빠지게 된 것이다.

그 동안 여론조사 1위를 질주해오던 한나라당 이명박 후보의 마지막 검증 관문이라고 할 수 있는 BBK 의혹수사는 김경준의 귀국으로 탄력을 받게 되었다. 검찰 수사 결과에 따라서 엄청난 파장이 일어날 수도 있다.

거기에다가 삼성법무실에 종사한 한 변호사의 내부비리 폭로와 천주교 정의구현사제단의 개입으로 일파만파로 번지게 된 삼성 로비 의혹사건은 청와대의 대선 축하금 의혹과 더불어 특검대상으로 급부상되었다. 한 사람의 돌출행동으로 우리 사회가 감당해야 할 피해가 막중하다는 점에서 사제들의 도움마저 섣부른 것이었다고 생각한다.

이처럼 복잡하게 얽힌 정치 환경들 속에서 우리 국민들이 제대로 된 지도자를 선출할 수 있을지는 아직 미지수이다. 따라서 우리 국민들은 이번 대선에서의 공방들이 갖고 있는 성격들을 냉철하게 따져볼 필요가 있다.

이번 대선 구도의 특징은 독재와 민주, 군부와 문민, 보수와 진보, 부패와 반부패 등으로 선명하게 드러나지 않은 사실에 있다. 모든 정당과 후보들이 정책과 지향가치에서의 한계는 물론이고 능력과 도덕성의 한계까지 드러내고 있기 때문이다. 거기에다가 정책대결이 아닌 이전투구의 네거티브 공세만이 판치기 때문에 더더욱 그렇다.

가장 주목되는 현상은 이번 대선 역시 비정상성의 극치를 달리고 있으며, 그 정점에 청와대와 여당세력이 위치하고 있다는 사실이다. 청와대가 야당후보를 고소한 것이나 한방에 매달려왔던 여권의 공작정치적 태도가 그것이다.

2002년 병풍사건은 병역비리 알선으로 부정을 저질러왔던 김대업이라는 사람을 내세운 정치공작이었다. 물론 이회창씨의 두 아들이 병역 기피 의혹을 받고 있었기 때문에 가능했을 것이다. 법원은 이 사건을 무혐의 처리하였으나 이회창씨는 대선에서 탈락하고 말았다.

지금 언론의 스포트라이트를 받고 있는 김경준 역시 위증과 횡령 등을 일삼았던 사람이고, BBK라는 회사를 설립하여 주가조작을 통하여 얻은 자금을 불법으로 유출한 혐의를 받고 있다. 물론 이명박 후보가 의혹의 대상이 되고 있는 것은 한 때 그와의 동업 사실 때문이다.

여당세력은 이명박 후보가 김경준의 배후에 있었다고 주장하고 있으나 이미 금감원의 조사와 검찰 수사에서 무혐의 처리된 바 있다. 그럼에도 여당은 김경준이라는 사람의 입을 통하여 새로운 사실을 얻을 수 있다고 믿고 있다. 그러나 위조, 위증, 횡령 등을 일삼고 있는 범죄자로부터 단서를 얻어내려는 기대 자체가 정치공작적 성격을 가지고 있어서, 국민들은 검찰수사를 면밀하게 주시해야 할 필요가 있다.

모든 사람은 결점과 잘못이 있을 수 있다. 대쪽과 원칙주의자로 통하던 사람도 법과 원칙을 무시하고 있지 않은가. 손톱에 끼어있는 때만 바라볼 것이 아니라 일할 수 있는 튼실한 손을 가려내야 한다. 국정수행능력과 정강정책을 살펴야 할 시점인 것이다. (2007.11.16)

우리 사회, 왜 이러나?

삼성의 로비의혹을 폭로한 김용철 변호사에 대한 신뢰지수가 삼성보다 더 높다는 보도가 나왔다. 국민들은 삼성보다 김용철의 발언을 더 신뢰한다는 것이다. 왜 이런 여론조사를 했는지 알 수 없지만, 국민의 한 사람으로서 불쾌하기 짝이 없다.

1997년부터 삼성 구조조정본부의 재무팀과 법무팀에서 7년 동안 일하면서 그가 받은 보수는 102억 원에 달하고 퇴직 후에도 3년 동안 7억 2천만 원을 받았다고 한다. 그런 그가 한참 후에 자신이 몸담았던 직장이 자신의 도덕성을 마비시켰다고 아우성이다. 직업윤리와 변호사 윤리강령을 언급하지 않더라도 그의 행태는 도무지 이해할 수 없다. 도대체 그런 사람을 국민들이 더 신뢰한다는 기사를 내보내는 저의가 무엇인지 납득할 수 없다.

김용철 변호사의 주장이 사실이라면 그는 자신의 불법행위에 대한 대가로 삼성으로부터 102억 원의 거액을 받은 것이다. 그 때문에 양심의 갈등을 겪게 되었다는 것이다. 이 경우에 보통사람들이라면 자신이 받았던 돈을 돌려주고 참회했을 것이다. 그런데 그것이 아니다. 그는 삼성의 뒷덜미를 잡고 이죽거리면서 즐기는 것처럼 보인다.

어디 그 뿐인가? 문서위조와 사기와 주가조작 범죄를 저지르고 미국으로 도피했다가 송환된 김경준의 파안대소는 또 무엇을 의미하는가? 통합신당에게 그의 존재는 범죄자가 아니라 구세주임이 분명하다. 그들은 김경준에게 그럴듯한 거짓말을 내뱉어줄 것을 바라고 있다. 진실이 아니라 통합신당 바로 그들에게 유리한 증언 말이다.

2002년에 주가조작으로 확보한 384억 원을 미국으로 빼돌린 김경준과 그의 가족의 귀국 태도는 우리 사회의 가치론적 일탈을 그대로 보여주고 있다. 우리 사회가 범죄자에게 위증을 교사하고 있는 것이다. 김경준씨 가족이 억울하다면 무고한 투자자들에게 피해를 입힌 384억 원을 먼저 내놓아야 할 것이다. 이 점에서 김경준씨 가족과 김용철 변호사는 닮은꼴이다.

그런데 이 두 사람과 닮은꼴의 정치인이 더 있다. 김대중 전 대통령과 이회창 후보이다. 김대중 전 대통령은 여권후보 단일화에 올인하고 있다. 그러나 뜻대로 되지 않자 정권이 바뀌면 전쟁이 일어날 수 있다는 취지의 발언을 하였다. 전직 대통령으로서 격에 맞지 않은 무지막지한 발언이다. 북한에게 전쟁수행능력이 남아있다면 그것은 바로 김대통령의 햇볕정책 때문일 것이다. 북한의 핵무기 개발을 도운 사람은 바로 김대통령 자신인 것이다.

이회창 후보도 김용철, 김경준, 김대중과 닮은꼴이다. 그는 이명박 후보의 '재산환원' 보도와 관련하여 돈으로 대통령직을 매수하려는 가증스러운 음모라고 비난하였다. 그 보도의 사실여부는 아직 확인되고 있지 않지만, 대통령이 자신의 사재를 털어서 빈민층을 돕기 위한 공익재단을 설립하겠다는 계획이 왜 잘못된 것인지 모르겠다. 이회창 후보의 생각에는 2002년처럼 기업에서 차떼기로 돈을 받아서 선거를 치러야 옳다는 것인가? 지금 국회에서 발의된 삼성특검법에서 수백억에 달하는 이회창 후보의 대선자금 잔여금을 추적하려고 하는 사실을 아는지 모르겠다.

(2007.11.25)

처용추진위의 자충수

12월 3일, 울산시의회 대회의실에서 열린 처용문화제 명칭 관련 학술심포지엄은 본래 울산광역시가 주관할 예정이었으나 대선 관계로 처용문화제명칭변경범시민운동본부와 처용문화제 추진위원회의 공동 주최 형식으로 열리게 되었다. 향후 이 같은 규모의 공청회, TV 토론회를 2~3회 더 가진 후에 전문용역기관에 의뢰하여 개선방안을 마련하기로 하였다.

지금까지 처용추진위 관계자들은 처용설화가 불륜과 간통과는 전혀 관련이 없으며 벽사진경적 요소만 가지고 있다고 주장해 왔다. 그런데 처용추진위가 그들의 입장을 대변하기 위하여 초청한 학자들 중에 김경수, 김학성 교수는 처용부인과 역신 사이의 성행위를 인정하는 입장을 취하고 있다. 이런 사실들을 언론들도 간과하고 있는 듯하다.

처용추진위 관계자 역시 두 학자와 자신들의 주장이 일치하지 않는다는 사실을 모르고 있는 것 같다. 그렇다면 그들은 자신의 입장을 공박할 수 있는 학자들을 자기 측 발제자 및 토론자로 내세울 정도로 감각이 없다는 말인가. 박종해씨를 비롯한 처용추진위 관계자들이 지금까지 처용의 부인을 범한 역신을 돌림병에 지나지 않는다고 강변해 왔으니 하는 말이다.

울산의 한 독지가가 출연한 기금으로 전7권의 처용연구전집을 발간된 사실이 있는데, 그 간행위원장을 맡았던 김경수 교수가 바로 이번에 처용추진위 측에서 세운 발제자이고, 토론자의 한 사람으로 초청된 김학성 교수 역시 간행위원회에 참여했던 분이다. 이 두 분 모두가 처용부인과 역신 사이의 간통 사실을 인정하고 있는 것이다.

김경수 교수는 처용을 도래인으로 보고 역신은 중앙집권세력의 불량배라고 해석하였다. 원주민이었던 중앙집권세력이 처용의 미인 아내를 범간했다는 것이다. 처용추진위측의 토론자로 나선 김학성 교수는 처용을 화랑으로 보지만, 역신은 탐락에 빠져 나라를 병들게 하는 귀족들의 무리라고 보는 점에서 비슷한 입장을 취하고 있다. 역신을 미모의 여인을 탐하여 남의 부인까지도 마다하지 않는 탐락의 극치를 보이는 존재로 규정한 것이다. 이들의 입장은 처용설화의 외설성을 부정하지 않는다.

이 분들은 처용부인과 역신 사이의 간통 사실은 인정하면서도, 처용설화가 문학적으로 높은 가치를 가지고 있기 때문에 기념할 필요가 있다고 주장한다. 그러나 간통과 불륜사실을 인정한 이들의 입장은 그 동안 처용추진위 관계자들이 내세운 관용과 화합이라는 이념적 토대를 전면 부정하고 있으며, 따라서 처용문화제가 울산의 대표축제로 기념되어야 한다는 명분마저 철저하게 무너뜨리고 있는 것이다.

얼마 전 내년에 개교할 범서 구영지구의 초등학교 이름을 선바위초등학교로 정했다가 포기한 적이 있다. 선바위는 울산시의 12경에 속하는 명승지이다. 그러나 선바위에 얽힌 사연이 초등학교의 이름에 부적합하다는 사실이 알려지면서 반대에 직면하게 된 것이다.

하물며 울산광역시의 지향가치를 단번에 드러낼 뿐만 아니라 초등학생에서 노인에 이르기까지 전 계층이 함께 참여하는 대표 축제의 이름을 불륜과 간통을 노래한 처용설화로 장식한다는 것은 일반적인 시민정서에 배치되는 일이다. (2007.12.02)

네거티브의 정치

지난 12월 5일, 검찰은 이명박 후보의 BBK 연루 의혹사건에 대하여 무혐의 결정을 내렸다. 대선 때마다 계속되는 네거티브의 악순환이 차단되는 순간이었다. 이회창 후보는 당혹하였고 정동영 후보 역시 망연자실하였다. 모든 유세일정을 중단할 정도의 엄청난 충격파였다. 마지막까지 붙들고 의존할 수밖에 없었던 네거티브의 한방 효과가 한 순간에 사라지고 만 것이다.

정동영 후보는 검찰 발표에 대하여 "진실 은폐 뒤에는 '거대한 음모'가 작동되고 있다는 느낌을 도저히 지울 수 없다"고 하였다. 며칠 전에 통합신당 의원들이 떼를 지어 검찰청사를 항의 방문한 데서 이미 예견되는 일이었다. 이회창 후보는 고문변호사를 김경준에게 긴급 파송하여 빌미를 잡으려고 하였다. 그를 몰락시켰던 사람들이 김대업에 의존했던 것처럼 그 역시 김경준에게 의지하고 싶었을지도 모른다.

대한민국의 최고지도자가 되겠다는 사람들이 상대후보의 네거티브에 모든 것을 걸었다는 것은 도무지 이해할 수 없는 일이다. 자신의 이미지를 홍보해야 할 광고에 상대 후보의 사진을 넣어서 비방하는 것은 상식적으로 불가한 일이다. 그러나 그런 일들이 실제로 일어났다. 이명박 후보의 얼굴 광고가 두 개씩이나 나왔다. 하나는 한나라당이 제작한 욕쟁이 할머니의 광고이고, 다른 하나는 이후보를 비방하는 정동영 후보측의 네거티브 광고였다. 그러나 이제 네거티브의 시대는 끝났다.

김경준이 누구였는가? 여권을 7개씩이나 들고 다니고 중요문서를 19장이나 위조한 범인이다. 주가조작을 하고 319억 원의 회사자금을 횡령한 중대 범죄인이었다. 그럼에도 불구하고 신당과 방송에서는 김경준을 의인처럼 다루었고, 그가 이명박 후보를 낙마시킬 수 있는 유일한 카드인 것처럼 떠들어 댔다. 한글 이면계약서에 찍힌 도장까지 들먹거리면서 이명박 후보의 개입 가능성을 대서특필하였다.

검찰이 조금만 나쁜 의도를 가지고서 머뭇거렸다면 김대업 병풍조작과 똑같은 결과를 초래했을지도 모른다. 그러나 의혹을 만들고 부풀린 사람들은 사실을 있는 그대로 받아들이지 않고 지금도 여전히 뒤틀린 시선으로 왜곡하려고 한다. 이회창 후보 진영이 김경준의 발언에서 한줌 희망을 찾으려는 태도가 바로 그것이다. 다른 후보라면 모르겠지만 어떻게 이회창 후보가 그럴 수 있단 말인가?

네거티브는 가라! 낙선하더라도 당당하게 자신의 소신과 장점을 국민 앞에 보여주어야 한다. 문국현 후보가 청렴 이미지로 국민에게 어필하고자 했다면 그 이미지로 심판을 받아야 한다. 정동영 후보가 행복한 가족 시대를 표방했다면 그것을 실현할 수 있는 정책들을 제시해야 할 것이다. 이회창 후보가 신안보정책을 구사했다면 그 역시 국민의 심판을 기다려야 한다. 타 후보의 결점을 비방할 것이 아니라 자신의 강점과 능력을 보여주어야 하는 것이다.

그 동안 정동영 후보와 이회창 후보 모두 이명박 후보의 도덕성을 비난해 왔다. 그러나 실제 사실은 그들이 기대한 것과는 정 반대로 나타났다. 그들에게 정치적 도의와 한 점 양심이 있다면 깨끗하게 반성하고 사죄해야 마땅하다.

(2007.12.06)

이명박 대통령 당선인에게 바란다

새로운 대통령의 탄생을 축하드린다. 생명이 출산되기 위해서는 엄청난 진통이 따른다. 새로운 시대를 열기 위하여 갓 태어난 이명박 대통령 당선자 역시 그동안 온갖 어려움을 감내해야 했다. 한나라당 경선을 치르면서 시작된 네거티브 공세는 이번 대선의 가장 큰 이슈가 되었으며 막판까지 국민적 판단을 어렵게 하였다.

가난한 시절의 운동권 학생에서 최고의 CEO로 성공한 데 그치지 않고 서울시장에 당선되어 청계천 신화를 창조한 후에, 또 다시 대한민국 최고권력의 지위에까지 오를 수 있었던 것은 강인한 투지와 실천력이 국민의 마음을 사로잡았기 때문일 것이다. 그러나 대통령에 당선된 것만으로 성공이라고 할 수는 없다. 성공한 대통령이 되기 위해서는 지금부터 부단한 노력을 경주해야 하기 때문이다.

새로운 대통령에게 국민들이 거는 기대와 소망은 분명하다. 우선 경제를 살려야 한다. 이명박 대통령 당선자 스스로 내건 캐치 프레이즈가 바로 경제대통령이다. 국가경제는 규모나 목적에서 기업경제와는 확연하게 다르다. 이 점을 분명하게 유념해서 대한민국의 경제 살리기에 총력을 기울여주기 바란다.

새로운 대통령은 국민통합에 만전을 기해야 할 것이다. 전임자들이 상생과 화합을 강조하면서도 결국 분열과 상극의 정치로 치달았던 사실을 거울삼아 전철을 밟지 않도록 해야 한다. 특히 노무현 정권의 실패요인이 지지층까지도 분열시킴으로써 총체적 불신을 자초했던 사실에 있음을 직시해야 한다. 한나라당 내부는 물론이고 이념과 지역간 대립을 해소하고 우리 민족이 동북아시아의 주역이 될 수 있도록 국민통합을 실현하는 것이야말로 가장 우선적인 과제이다.

아직도 일부 국민들이 우려하고 있는 부정비리와의 연루 가능성을 유념하여 도덕적으로 존경받을 수 있는 대통령이 되도록 노력해야 한다. 대통령직 자체가 권력지향적 인사들에게 둘러싸임으로써 상식적 판단을 그르칠 때가 많으므로, 대통령 주변에 도덕성 판단을 할 수 있는 시스템을 확보해야 할 것이다.

이와 관련하여 국민들이 걱정하는 것은 새로운 대통령의 실천력이 자칫하면 독재적 경향으로 치우칠 수 있다는 우려이다. 플라톤의 국가론에서 최종적인 목표는 정의의 실현이다. 경제대통령으로서의 과업을 앞세우다 보면 목적과 결과만을 중시하여 민주적인 합의나 절차적 정의를 무시할 위험이 없지 않다. 청계천 복원의 기적을 만들어낸 이명박 대통령 당선자는 그 성공의 기초가 주민설득과 합의에 있었다는 사실을 잘 알 것이다.

우리는 지난 10년간 엄청난 퇴보를 경험하였다. 우리의 소중한 전통과 가치가 왜곡되었으며, 사회와 국가의 기강이 뿌리채 흔들리는 시점에까지 이르렀다. 따라서 새로운 대통령은 민주적 합의와 상생적 통합이라는 이념적 토대 위에서 우리 민족과 국가가 번영할 수 있도록 실사구시의 정치를 펼쳐야 할 것이다. 이어받을 것과 되돌려야 할 것을 냉철하게 판단하여 가급적 빨리 국가정체성을 확립해야 할 필요가 있다.

개벽은 이미 시작되었다. 실사구시의 실용주의 노선, 그것은 바로 이념대립을 초월하여 747의 국가비전을 성취해야 할 새로운 시대의 철학인 것이다. (2007.12.19)

무자년戊子年에 소망한다

2008년은 쥐띠해, 즉 무자년戊子年이다. 쥐는 다산多産과 다복多福을 상징하는 동물이다. 밭두렁을 태우면서 쥐불놀이를 하는 것은 풍년을 기원하기 위함이다. 쥐의 임신기간은 21일이고 10마리 정도의 새끼를 낳는다. 출산 후 몇 시간만 지나도 발정하여 교미한다. 한 쌍의 쥐가 1년에 10마리씩 다섯 번에 걸쳐서 새끼를 낳을 경우에 3년 후 3억 5천만 마리로 불어난다고 한다.

거기에다가 쥐는 예언과 희망을 상징하기도 한다. 삼국유사에 나오는 신라 제21대 비처왕 이야기는 우리나라에서 쥐에 관한 첫 기록으로 알려지고 있다. 여기에서 쥐는 예지적 능력을 가진 동물로 묘사된다. 비처왕의 왕비는 선혜부인이다. 그녀는 묘심妙心이라는 승려와 사통하였다. 쥐가 비처왕에게 사람의 말로써 까마귀의 뒤를 따라가라고 하였고, 한 노인이 거문고갑을 활로 쏘라는 글을 바쳤다. 왕이 그곳에 활을 쏘자 그 안에서 간통을 저지르고 있던 왕비와 묘심이 죽었다. 경주 남산 동쪽 기슭의 서출지에 얽힌 사연이다.

쥐는 예지력을 갖추고 있어서 눈치가 매우 빠르다. 여기에서 부정적인 이미지가 만들어지기도 하였다. 사람의 의중을 재빨리 간파하여 경계하는 자를 일러서 부정적으로 표현하는 것은 바로 이 때문이다. 그러나 쥐의 예지력은 자연재해를 미리 간파할 수 있어서 쥐떼들이 움직이는 것을 보고서 재앙을 피했던 사례들도 적지 않다.

무자년을 시작하면서 우리는 새로운 희망을 가질 수 있다. 새로운 대통령을 중심으로 열심으로 노력할 경우에 다산과 다복의 기대를 성취할 수 있을 것이다. 방만한 국가재정을 효율적으로 운영하면서 경제 살리기 정책을 시행하고, 국민 모두가 일치단결하여 노력한다면 풍요로운 나라를 만들 수 있다.

우리는 새해를 시작하면서 지난날의 온갖 병폐를 청산할 필요가 있다. 가장 먼저 해야 할 일은 새로운 대통령의 발목을 잡기 위해서 만든 이명박 특검법을 철회시키는 것이다. 통합신당은 국민의 선택을 존중하고 철저하게 통회해야 마땅하다. 그들이 정한 도덕성의 잣대가 통치행위의 전제가 되어야 한다면 과거 10년 동안의 통치에 따른 온갖 의혹들에 대해서도 철저한 수사가 필요할 것이다. 그것을 감당할 자신이 있는가?

무자년에 우리는 다시 한 번 예지력을 발휘하여야 한다. 4월에 총선이 있기 때문이다. 우리는 국민들 위에 군림하는 권력자가 아니라 국민들을 섬기면서 열심히 봉사할 수 있는 일꾼을 뽑아야 한다. 우리는 잘 알고 있다. 어떤 정치인들이 도태되어야 하고 어떤 참신한 일꾼이 그 자리에 서야 할 것인가를 이미 확실하게 알고 있는 것이다. 그러나 우리의 예지력을 무시하고 비리와 연고에 의지하여 표를 던진다면 우리의 미래는 또다시 어둡게 될 것이다.

이제 희망은 성취되었다. 세상이 변한 것이다. 그러나 새로운 세상이 우리 국민들의 삶을 더욱 풍요롭게 할 수 있기 위해서는 부단한 노력이 필요하고 철저한 감시와 견제가 뒤따라야 한다. 국민들에게 약속한 것을 실현하도록 압력을 넣어야 한다. 시민들이 고통스럽게 생각하는 것에 관심을 두지 않는 정치인들은 철저하게 응징해야 한다. 그것이 우리의 가장 우선적인 과제이다. (2007.12.24)

숭례문 사태, 어떻게 볼 것인가

조선왕조의 개국과 더불어 경복궁의 남문으로 창건된 유서깊은 숭례문이 우리 사회에 불만을 키워왔던 한 노인의 방화에 의하여 온 국민이 지켜보는 가운데 잿더미로 변하고 말았다.

조선 태조4년(1395)에 건립된 후 600년이 넘도록 위용을 자랑해왔던 숭례문은 불과 다섯 시간 만에 전소되고 말았다. 수차례의 전란에도 끄떡없었던 대한민국의 자존심 국보 1호가 평시에 불타버린 것이다. 참으로 어처구니없고 통분할 일이다. 숭례문 화재 사건은 분명 우리 사회의 자화상이다.

우리는 국보 1호를 방치해 왔다. 숭례문의 관리 책임이 문화재청에 있지 않고, 일선 행정 구청에 있다는 것도 이해할 수 없는 노릇이다. 2005년 서울시가 숭례문 인근지역을 일반인에게 개방하는 조치를 취하였으나, 문화재청은 그에 따른 적절한 관리 대책을 수립하지 않았다. 담당 관리인이 퇴근한 후에 노숙자들이 불을 피워놓고 잠을 잔 사실도 있었다고 한다. 이번 방화범 역시 아무런 제지도 받지 않은 상태에서 불을 지르고 도망친 것이다.

문화재청 관계자들은 숭례문의 복원비용이 200억 원 이상 소요될 것이라고 말한다. 숭례문의 원형적 자산가치는 그것의 수십, 수백 배를 넘어설 것이다. 여기에서 한 가지 납득되지 않은 사실이 있다. 화재가 발생한지 얼마 되지도 않은 상태에서 복원비용이 척척 산출되는 것 말이다. 화재를 미리 염두에 두고 계산해 두었던 것일까? 그렇게 용의주도한 사람들이 화재 현장에서는 왜 아무런 조치도 취하지 못했던 것일까?

이것은 문화재청 관계자들의 마인드가 근본적으로 잘못 되어 있다는 사실을 반증해준다. 그래서 그 소중한 유산들을 방치해 왔던 것이다. 가장 엄격하다는 문화재 관계법을 가졌다 할지라도 문화재 보존에 허술하다면 부질없는 일이다. 비단 숭례문만이 아니다. 세계적으로 그 탁월성을 인정받고 있는 반구대 암각화는 이미 오래 전부터 물속에 잠겨서 부식되고 있으며, 지금은 그 형체마저 희미해져 가고 있다. 우리는 우리에게 가장 소중한 문화유산들을 방치하고 있는 것이다.

언론 보도에 의하면 문화재청은 숭례문의 지위를 국보 1호로서 계속 유지할 방침이라고 한다. 이 역시 무언가 섣부르다는 느낌을 지울 수가 없다. 이미 불타버린 숭례문을 다시 복원하여 국보 1호의 지위를 부여한다면 지구촌 사람들은 실소를 금치 못할 것이다. 차라리 우리의 우매함을 잊지 않기 위해서라도 2차대전 중 폭격으로 무너져내린 베를린의 카이저 빌헬름 교회처럼 폐허 상태 그대로 보존하는 것이 더 나을지도 모른다.

문화재 관리 기금이 없어서 숭례문을 불태웠다는 사람들이

200억원이라는 거금을 아무런 생각없이 숭례문 복원공사에 투입할 생각을 하는 것은 분명 반문화적 발상이다. 그런 돈이 있다면 반구대 암각화를 물속에서 건져내고 해인사와 통도사를 보존하는데 사용하는 것이 마땅할 것이다. 이미 소실된 문화재의 복원을 말하려면 그 역사적 위상과 비중과 가치를 생각해본 후에 결정해도 늦지 않을 것이다. 예를 들면 숭례문과 황룡사 9층탑 중에 어느 것이 우선인가도 생각해 볼 일이다.

숭례문이 전소된 2 · 11 사태는 미국의 쌍둥이 빌딩이 무너져 내린 9 · 11 사태와 닮은꼴이다. 9 · 11 사태가 세계정부로서 미국의 자존심을 무너뜨린 것이라면 2 · 11 사태는 한국인의 문화적 자긍심을 덮친 단두대와 같은 것이다. 미국이 테러의 장소에 쌍둥이 빌딩보다 더 큰 건물을 세우려 하는 것이나 우리의 문화재청 관계자들이 복원을 서두르는 것 모두 외상을 치유하기 위한 제스처일 뿐이다.

외상을 치료하는 것보다 더 중요한 것은 우리의 문화 마인드를 새롭게 하는 일이다. 그렇지 않을 경우 우리는 제2, 제3의 숭례문 사태를 맞게 될 것이다. (2008.02.12)

숭례문과 혼돈의 논리

숭례문이 불타 없어진 지 며칠도 지나지 않아서 우리 사회를 마구 뒤흔들려는 사람들이 있다. 진중권씨와 강금실씨가 그 대표적인 경우이다. 그들이 원용하는 화법은 이른바 카오스의 논리이다. 비록 우리가 보지는 못하지만 혼돈 속에서도 인과관계가 있다는 것이다. 북경에서 나비가 날개짓을 하면 뉴욕의 증시가 오른다는 식의 논리이다.

이런 식의 논리를 우리는 미당 서정주 시인의 "국화 옆에서"에서도 읽을 수 있다. 한 송이 국화꽃이 피어오르기 위해서는 소쩍새도 울어야 하고, 밤새 천둥도 쳐야 하며, 심지어는 시집간 누님까지 소박맞고 돌아와야 하는 것이다. 그 중에 한 가지 사실이라도 결여될 경우에 그 국화꽃은 피어오를 수가 없다.

카오스의 논리는 "모든 것이 모든 것 속에 있다"는 고대 희랍인의 지혜나, "이것이 있으므로 저것이 있다"는 불교의 연기법에서도 찾아볼 수 있다. 카오스의 논리나 연기緣起 사상이 만고불변의 진리인 것은 사실이다.

그러므로 이명박 당선자가 서울시장 재직 시절에 문화재청의 반대를 무릅쓰고 숭례문을 시민들에게 개방하였다면 화재 사건에 책임이 있다고 주장할 수 있을 법도 하다. 진중권씨와 강금실씨의 이명박 당선자 비판은 이 점에서 정당한 것처럼 보인다.

그러나 조금만 더 냉철하게 살펴본다면 대한민국 최고의 지성이라는 두 사람의 논리가 지나칠 정도로 편협하고 아전인수격이라는 사실을 간파할 수 있을 것이다. 숭례문이 불타 없어진 것은 사실이다. 필자도 치밀어 오르는 분노를 참지 못하였고 잠도 이루지 못하였다. 참담하고 안타까웠다. 아마도 대한민국 국민들이라면 모두가 똑같은 심정이었을 것이다. 그렇다고 해서 우리 앞에 닥친 그 고통스럽고 불행한 사건의 책임을 마녀사냥 하듯이 어느 개인에게 물으려는 태도는 온당하지 않다.

진중권씨와 강금실씨의 논리대로라면 숭례문이 불탄 것은 이명박 당선자가 개방했기 때문만은 아니다. 진중권씨가 평소에 지나칠 정도로 비판적인 기사를 투고한 탓으로 우리 사회에 적개심을 가진 사람들을 양산하였으며, 그 중의 한 사람이 자신의 불만을 해소하기 위하여 숭례문을 불태운 것이다. 진중권씨의 논리대로라면 진중권씨 자신이 숭례문 방화의 원인 제공자이고, 따라서 진중권씨가 숭례문을 불태운 것이다. 그러므로 진중권씨는 이명박 당선자에게 책임을 물을 자격도 권리도 없다.

한 걸음만 더 나가보자. 아마도 사건이 있을 때마다 튀고 싶어하는 진중권씨를 위해서 숭례문이 스스로 불에 타 없어졌을 것이다. 이것이 억지인가? 그렇다면 자신의 논리를 다시 확인해 보라.

강금실씨의 경우도 마찬가지이다. 강금실씨가 이명박 당선인더러 숭례문 화재사건의 원인 제공자라고 한다면 그녀 역시 똑같은 비중을 가진 원인 제공자이다. 노무현 대통령과 친분이 남다르고, 그래서 법무부장관에 발탁되었던 것은 만인이 아는 사실이다. 그가 노무현 대통령과 친하게 지냈기 때문에 숭례문이 불타 없어진 것이다. 노대통령이 너무 화를 자주 낸 것은 전 국민이 알고 있는 사실이고 강금실씨 역시 그 중심에 있었다. 청와대에서 그렇게 화를 낸 탓으로 남쪽의 화기를 이기지 못하고 숭례문이 불타 없어진 것이다.

한 가지 사실이 더 있다. 2년 전 창경궁을 방화하다가 붙잡힌 범인에게 담당 판사가 준엄한 심판을 했더라면 숭례문은 불타지 않았을 것이다. 강금실씨는 판사 출신이다. 그러므로 강금실씨는 숭례문 화재사건의 원인제공자이다. 말이 되는가? 그렇지 않다면 자신의 주장을 되새겨 보라.

숭례문을 시민들에게 개방한 것은 이명박 서울시장의 노력으로 이루어진 결실이 맞다. 시민들을 위한 선한 결정이었다. 그러나 그것이 숭례문 화재사건의 원인이 될 수는 없다. 문화재청이 개방을 반대했다면 마땅히 개방에 따른 대책을 마련했어야 옳았다. 문화재청의 관할이 아니었다 하더라도 서울시 중구청장에게 지침을 하달했어야 옳았다. 그러나 그런 일들은 이루어지지 않았다. 그래서 불탄 것이다.

중구청 역시 관리책임이 있다면 국보 1호의 유지관리에 최선을 다했어야 마땅하고 필요한 예산을 정부에 요청했어야 옳았다. 그런 노력의 흔적이 남아있다면 오늘날의 책임을 회피할 수 있을 것이다. 소방청 역시 조기에 진화하지 못한 책임이 크다. 문화재청이나 문화재전문위원회 역시 특수시설에 대한 진화 지침을 마련하지 못한 책임이 크다.

이처럼 우리들 중 어느 누구 하나 숭례문에 신경을 쓰지 못했다. 진중권씨 역시 화재사건 이전에는 아무런 관심도 갖지 않았고 따라서 어떤 지적도 하지 못했다. 노숙자들이 라면을 끓여 먹었던 사실조차 까마득하게 몰랐다. 따라서 숭례문 화재사건은 이명박 당선자가 개방했기 때문만이 아니라 진중권씨가 숭례문에 무관심했기 때문에 발생한 것임을 분명히 알아야 한다.

지금 중요한 것은 그런 천박한 책임 공방이 아니다. 대한민국 국민이라면 어느 누구라도 국보 1호의 소실 책임으로부터 자유로울 수가 없다. 노무현 대통령이 가장 큰 책임을 느껴야 한다. 자신의 귀향을 위한 예산을 조금만 아껴서 숭례문에 투입했더라도 이런 일은 일어나지 않았을 것이고, 무엇보다도 그가 현재 우리나라의 대통령이기 때문이다. 그런데 그는 아무말이 없다.

오히려 이명박 당선자가 국민적 상처를 치유하기 위한 충심에서 국민모금을 언급했다가 혹독한 여론 앞에 내몰려 있다. 전문가의 입장에서 볼 때 이명박 당선자의 발언이 시기상조라거나 부적절할 수는 있다. 그러나 문제를 해결해보고자 하는 그의 충심이 왜곡되어서는 곤란하다.

중요한 것은 지금 이 시간에도 전국의 주요 문화재들이 위험에 노출되어 있다는 사실이다. 숭례문과 똑같은 처지에 있는 것이다. 누가 누구를 탓하기 전에 우리는 이번 사건을 계기로 하여 우리 민족의 중요한 문화자산들을 보다 안전하게 유지 관리할 수 있는 지혜를 모으고 재정을 확보해야 할 필요가 있다.

세계적인 문화유산으로 평가받고 있는 반구대 암각화는 지금 사연댐에 수몰되어 침식되어 가고 있다. 아무도 손을 쓰지 못하고 있다. 재정이 없기 때문이다. 그러나 더 분명한 이유는 문화자산에 대한 우리 국민들의 애정과 관심이 없기 때문일 것이다. 숭례문만이 아니다. 따라서 진중권씨와 강금실씨가 진정으로 우리의 문화유산을 아끼고 사랑한다면 이미 사라진 숭례문에 대한 천박한 책임공방에 집착하지 말고, 그 날선 영향력으로 문화재 보존을 위한 재정 확보에 전념해 줄 것을 당부하는 바이다.

그래서 우리는 곤혹스럽더라도 상당한 기간 동안 숭례문의 폐허를 그대로 기념하는 것도 생각해 볼 필요가 있다.

(2008.02.13)

지은이 : 김 진(金 珍)

울산대학교 철학과 교수. 독일 루어대학(보쿰) 철학박사
e-mail: *jinkim@mail.ulsan.ac.kr*

독일 루어-대학(보쿰)에서 철학, 기독교 윤리학, 한국학을 연구하였으며 리차드 쉐플러(Richard Schaeffler) 교수의 지도 아래 철학박사 학위를 취득하였다. 1989년 이후 울산대학교 철학과 교수로 재직하고 있으며, 1992년부터 10년 동안 울산대 출판부장, 1991년부터 한국칸트학회, 철학연구회, 한국철학회, 대한철학회, 범한철학회, 새한철학회, 니체학회 등에서 부회장, 이사, 편집위원 등을 역임하였으며, 2000년 울산시 문화상(학술I부문)을 수상하였다. 경상일보, 울산매일, 울산노컷뉴스, 울산여성신문 등에서 칼럼니스트로 활동해 왔다.

저서로는 *Kants Postulatenlehre* (Peterlang, Frankfurt 1988), 『철학의 현실문제들』(철학과현실사 1994), 『칼 마르크스와 희랍철학』(1990, 1998), 『철학의 현실문제들』(1994), 『종교문화의 이해』, 『아펠과 철학의 변형』(1998), 『칸트 · 순수한 이성의 한계 안에서의 종교』, 『선험철학과 요청주의』(1999), 『살고있는 순간의 어두움』(1999, 2001), 『칸트와 불교』(2000, 2004), 『칸트와 생태사상』, 『퓌지스와 존재사유』(2003), 『무아윤회 논쟁』, 『라이프니츠, 헤겔, 쇼펜하우어와 불교』, 『니체와 불교적 사유』, 『하이데거와 불교』, 『화이트헤드와 화엄형이상학』(2004), 『동성애의 배려윤리적 고찰』, 『칸트와 세계관의 철학』, 『하느님의 길』, 『최고선과 요청주의』(2005), 『믿음 사랑 희망에 대하여』, 『에른스트 블로흐와 희망의 원리』(2006), 『울산의 정치문화에 대하여』, 『사회정의와 문화정체성에 대하여』, 『한국 정치현실의 철학적 성찰』, 『페미니즘 윤리학』, 『처용설화의 해석학』(2007), 『종교란 무엇인가』(2008) 외 다수가 있다.

역서로는 토마스 아퀴나스의 『존재자와 본질에 대하여』(서광사 1995)와 리차드 쉐플러의 『역사철학』(철학과현실사 1997) 등이 있으며, 『공학윤리』(철학과현실사 2003)와 『한의 학제적 연구』(철학과현실사 2004), *Wahrheit und Erfahrung* (Würzburg 2004) 등 다수의 공저와 논문들이 있다. 주요 연구 분야는 칸트 및 현대 독일철학, 종교 및 희망철학, 생태존재론, 역사·문화철학 등이다.